Claudia Hochbrunn

Ein
IDIOT
kommt selten
allein

**Wie Sie Moralaposteln, Miesepetras
und anderen schwierigen Zeitgenossen
Paroli bieten**

W0171883

Rowohlt Taschenbuch Verlag

Originalausgabe
Veröffentlicht im Rowohlt Taschenbuch Verlag,
Hamburg, März 2023
Copyright © 2023 by Rowohlt Verlag GmbH, Hamburg
Covergestaltung zero-media.net, München
Coverabbildung FinePic®, München
Satz aus der Sonsbeek Eco
bei Pinkuin Satz und Datentechnik, Berlin
Druck und Bindung GGP Media GmbH, Pößneck
ISBN 978-3-499-00936-5

Die Rowohlt Verlage haben sich zu einer nachhaltigen
Buchproduktion verpflichtet. Gemeinsam mit unseren Partnern
und Lieferanten setzen wir uns für eine klimaneutrale Buchproduktion ein, die den Erwerb von Klimazertifikaten zur
Kompensation des CO_2-Ausstoßes einschließt.
www.klimaneutralerverlag.de

MIX
Papier aus verantwor-
tungsvollen Quellen
FSC
www.fsc.org
FSC® C014496

INHALT

**Eine Gebrauchsanweisung
anstelle eines Vorwortes** 7

Die Evolution der schwierigen
Zeitgenossen   13

Der Miesmacher   17
  1. Der Miesepeter   18
  2. Der Neidhammel   24

Der übertriebene Optimist   28

Der Missionar   34

Der Fanatiker   44

Der Moralapostel   49

Der Mitläufer   63

Der Nestbeschmutzer   68

Der Märtyrer   78

Der Märchenerzähler   85
  1. Die Märchentante   86
  2. Der Aufschneider   92

Der Feigling   101
  1. Der Vermeider   102
  2. Das Berufsopfer   106

Der Selbsttest – welcher Typ bin ich?

Der Selbsttest –
welcher Typ bin ich? 111

Auswertung des Tests   128

Die besten Strategien im Umgang mit
schwierigen Zeitgenossen 147

Der richtige Umgang mit dem Miesmacher   151

Der richtige Umgang mit dem
übertriebenen Optimisten   156

Der richtige Umgang mit dem Missionar   160

Der richtige Umgang mit dem Fanatiker   165

Der richtige Umgang mit dem Moralapostel   170

Der richtige Umgang mit dem Mitläufer   178

Der richtige Umgang mit dem Nestbeschmutzer   181

Der richtige Umgang mit dem Märtyrer   187

Der richtige Umgang mit dem Märchenerzähler   191

Der richtige Umgang mit dem Feigling   196

Fazit – Warum wir alle schwierige
Anteile in uns tragen 201

EINE GEBRAUCHSANWEISUNG
ANSTELLE EINES VORWORTES

Haben Sie in letzter Zeit auch immer häufiger das Gefühl, die Welt wäre voller Idioten und Besserwisser? Egal wohin man schaut, überall trifft man Leute, die glauben, sie hätten die Weisheit mit Löffeln gefressen und müssten deshalb überall ihren Senf dazugeben. Hieß es früher noch, wir seien ein Volk von 83 Millionen Bundestrainern, wenn mal wieder irgendein fußballerisches Großereignis anstand, so ist in letzter Zeit immer häufiger die Rede von 83 Millionen Virologen oder einer gleichen Anzahl von Klimaforschern.

Natürlich ist so eine Verallgemeinerung keine besondere Intelligenzleistung, denn derartige Slogans werden oft genug dazu missbraucht, andere Ansichten zu entwerten. Man packt die Menschen einfach ohne Unterschied in eine große Kiste, erklärt ihre Meinungen für irrelevant und fühlt sich selbst großartig. Die anderen sind die Idioten, man selbst hat es durchschaut. Die sozialen Netzwerke tun das Ihrige dazu und bieten jeder dieser Gruppen die passenden Slogans an, mit denen sie ihr Gegenüber mundtot machen können. Memes werden geteilt, die mal mehr, mal weniger intelligent Andersdenkende im besten Fall karikieren, im schlimmsten Fall hasserfüllt beleidigen.

Und leider ist niemand davor gefeit, selbst in derartige Verhaltensweisen zu verfallen. Es ist einfach zu verlockend, sich selbst für moralisch unfehlbar zu halten und umso unbarmherziger auf andere einzuschlagen. Im Mittelalter wurden unliebsame Mitmenschen als Hexen oder Ketzer verbrannt, und die Täter glaubten, sie handelten in Gottes Namen, ohne zu erkennen, dass sie dabei die Mittel seines Konkurrenten verwendeten. Aber auch das ist letztlich Ansichtssache.

In der heutigen Zeit verschwimmen die scharfen Trennlinien zwischen Gut und Böse immer mehr. So ist der Teufel in Form von Lucifer Morningstar in einer beliebten Fernsehserie ein total sympathischer Typ, während sein Zwillingsbruder, der Erzengel Michael, ein absolutes Arschloch ist. Zeitgleich hat Gott mit einer Demenz zu kämpfen und will deshalb in den Ruhestand gehen. Im Grunde verraten uns die beliebtesten Serien schon sehr genau, wie es um unsere Welt bestellt ist. Eigentlich sehnen wir uns danach, alte Strukturen und Denkmuster aufzubrechen und mehr Toleranz zu leben. Aber während der sympathische Serienteufel bei der Wahl um Gottes Nachfolge einen Erzengel aussticht und damit sehr deutlich zeigt, dass es kein einfaches Schwarz oder Weiß mehr gibt, wird die Kluft zwischen den Menschen in der Realität immer größer. Wer versucht, vermittelnd einzugreifen und zu diskutieren, erlebt oft genug, dass er die verfeindeten Gruppen nur dadurch eint, dass er sich selbst als gemeinsames Feindbild anbietet. Kompromisse sind für viele Leute uncool geworden, denn wer sich moralisch im Recht glaubt, ist nicht gewillt, auch nur einen Zentimeter von seiner Meinung abzuweichen. Lieber entwertet er sein Gegenüber, indem er es je nach eigener Weltanschauung als linksgrün versifft, faschistisch, rassistisch, islamistisch, ungläubigen Hund, Nazi, Kommunist oder Gutmensch bezeichnet (diese Liste ist nur ein kleiner Ausschnitt üblicher Beschimpfungsformen und erhebt keinen Anspruch auf Vollständigkeit).

Allerdings hat die Geschichte gezeigt, dass Kompromisse nicht nur für ein angenehmes Arbeitsklima, sondern auch für das Gedeihen eines Staatsgefüges und letztendlich der ganzen Weltgemeinschaft zwingend erforderlich sind. Leider sind immer nur jene Menschen zu Kompromissen bereit, die in der Lage sind, die Perspektive ihres Gegenübers einzunehmen. Wer sich selbst als absolutes Maß aller Dinge sieht, will bekehren und diese Bekehrung im Zweifelsfall auch mit Gewalt durchsetzen. Beispiele dazu zeigen religiöse Streitigkeiten aller Art, die unseren Planeten vom Anbeginn der Religionen bis heute erschüttern.

Seit die sozialen Netzwerke ein wesentlicher Bestandteil unseres Lebens geworden sind, hat jeder, der über einen Internetzugang verfügt, die Möglichkeit, Andersdenkende aus der Ferne heraus zu beschimpfen. Die große gesichtslose Masse kann in Form von Shitstorms ganz unblutig zur Hexenverbrennung oder zum Kreuzzug im übertragenen Sinne aufrufen. Sie kann ganze Existenzen vernichten und sich dabei großartig fühlen.

Möglicherweise ist die Welt auch einfach nur demokratischer geworden. Wenn man es ganz ehrlich betrachtet, ist es auch eine große Errungenschaft, dass nun jeder Idiot die Möglichkeit hat, seine Meinung in die Welt zu blasen und wissenschaftliche Erkenntnisse infrage zu stellen. Eine gesunde Demokratie wird das aushalten, auch wenn die Gefahr besteht, dass ein Idiot mit vielen Followern eine größere Reichweite erzielt als eine Wissenschaftlerin, die aufgrund ihrer beruflichen Tätigkeit keine Zeit hat, ständig in den sozialen Netzwerken herumzuhängen. Übrigens trifft das auch auf viele andere Menschen der normalen Durchschnittsbevölkerung zu, weshalb Shitstorms grundsätzlich nur die repräsentieren, die ständig im Internet rumhängen können, da sie entweder keine festen Arbeitszeiten haben oder sozial so isoliert sind, dass sie nach Feierabend lieber ihren Frust ins Netz blasen, weil sie keine Freunde im wirklichen Leben haben.

Wer mein Buch *Ein Arschloch kommt selten allein* kennt, der weiß, dass vieles im Auge des Betrachters liegt. Niemand ist frei von Fehlern, und jeder glaubt, das Richtige zu tun. Und vielleicht sind diejenigen, die wir für Idioten halten, in Wirklichkeit ganz nette Zeitgenossen, wenn man mal von ihren Macken absieht. Aber um die netten Anteile dieser Menschen zu finden, muss man sich näher mit ihnen befassen. Verständlicherweise neigen die meisten Leute dazu, Menschen mit skurrilen Meinungen zu meiden. Im privaten Umfeld bekommen sie im Zweifelsfall Hausverbot, in den sozialen Netzwerken erfüllt die Funktion «Blockieren» diese Aufgabe. Deshalb kann jeder gemütlich in seiner eigenen Blase bleiben, Feindbilder pflegen und die Spaltung der Gesellschaft vorantreiben. Denn man selbst ist ja immer der Gute, weil man der Held oder die Heldin in seiner eigenen Geschichte ist.

Dieses Buch soll auf unterhaltsame Weise helfen, scheinbar skurrile Menschen besser zu verstehen und zugleich eigene problematische Verhaltensweisen zu erkennen und zu hinterfragen. Außerdem soll es dabei helfen, Strategien zu entwickeln, damit man sich in einer Diskussion mit schwierigen Zeitgenossen nicht mehr so hilflos fühlt, sondern sie schneller durchschaut und adäquat darauf reagieren kann.

Natürlich ist alles mit einem Augenzwinkern zu verstehen. Wer bierernste Analysen erwartet und nicht in der Lage ist, über sich selbst zu lachen, ist hier falsch. Humor ist der wichtigste Abwehrmechanismus, den wir Menschen haben. Wer nicht alles ernst nimmt, ist schneller bereit, anderen zu verzeihen.

Und wer weiß, vielleicht ist so manch einer, den man in den sozialen Netzwerken für einen widerlichen Troll hielt, in Wirklichkeit ein netter Mensch, dem man einfach nur mal eine Chance geben müsste.

Aber nicht, dass Sie mich missverstehen. Alles zu verstehen, heißt keinesfalls, alles zu verzeihen. Oft genug sind klare Grenzen notwendig im menschlichen Miteinander – aber sie sollten gesichtswahrend gezogen werden, um sich keinen Feind fürs Leben zu schaffen.

Natürlich gibt es die hier vorgestellten Typen nicht ausschließlich in ihrer Reinform. So wird jeder Mensch beim Lesen sicherlich auch die eine oder andere Eigenschaft bei sich selbst finden, die dann aber von anderen Eigenheiten abgemildert wird. Aus diesem Grund gibt es in der Mitte des Buches auch einen Selbsttest, wo jeder selbst feststellen kann, zu welcher Gruppe er besondere Affinität hegt. Im letzten Teil werden dann Strategien benannt, wie man mit diesen schwierigen Zeitgenossen am besten umgehen sollte.

Dieses Buch soll helfen, Menschen besser zu verstehen und Gräben zu überwinden, ohne sich dabei selbst den Idioten unterzuordnen. Wobei auch diesmal wieder gilt: Der Idiot liegt immer im Auge des Betrachters.

DIE EVOLUTION
DER SCHWIERIGEN ZEITGENOSSEN

Wir alle kennen sie, die Miesmacher, die Fanatiker, die übertriebenen Optimisten, Moralapostel und viele mehr. Doch warum wird ein Mensch so? Vieles davon ist in unserer Kindheitsentwicklung begründet. Unsere frühen Erfahrungen prägen uns. Aber nicht alles lässt sich damit erklären, denn viel häufiger sind negative Verhaltensweisen, die wir uns erst als Jugendliche oder Erwachsene aneignen. Auf den ersten Blick erleichtern uns diese Angewohnheiten das Leben, sonst hätten wir sie nicht so sorgsam kultiviert. Aber auf den zweiten Blick schaden sie mehr, als dass sie nutzen. Wäre beispielsweise Klauen erlaubt, warum sollte man dann noch arbeiten, wenn man sich alles ohne Gegenleistung nehmen kann? Natürlich weiß jeder mit klarem Verstand, dass niemand mehr etwas produzieren würde, wenn er für seine Arbeit keinen Gegenwert erhält. Also schufen die Menschen Regeln im Miteinander, die sicherstellen sollen, dass jeder seinen gerechten Anteil an der Arbeit trägt. Letztlich geht es nämlich immer darum, dass Menschen Angst haben, auf die eine oder andere Weise zu kurz zu kommen oder übervorteilt zu werden. Das betrifft nicht nur das Materielle, sondern auch ideelle Werte, wenn sie daran gehindert werden, ihr Leben so zu gestalten, wie sie es gern wollen.

Die meisten Kinder und Jugendlichen stecken voller Idealismus und wollen alles besser machen als ihre Eltern. Deshalb stellen sie in der Pubertät erst einmal alles infrage. Das ist auch völlig richtig, denn wenn niemals jemand etwas infrage gestellt hätte, wäre die Menschheit heute vermutlich noch nicht einmal auf dem Steinzeitniveau angekommen. Stellen Sie sich mal vor, wie eine der heutigen Diskussionen von Eltern mit Kindern im Teenageralter wohl in der Steinzeit ausgesehen hätte:

«Das kommt gar nicht infrage! Nur weil die Grumpfs offenes Feuer in ihrer Höhle haben, musst du nicht auch noch mit solchen Ideen ankommen. Jeder vernünftige Urzeitmensch weiß doch, dass Feuer gefährlich ist.»

«Aber Mama, bei den Grumpfs ist es viel wärmer. Und außerdem hat Papa Grumpf sich aus einem Holzpfahl und einem spitz geschlagenen Stein eine Waffe gebaut, mit der er Tiere töten kann, und die schmecken frisch gebraten viel besser als das angefressene Aas, das Papa immer sammelt.»

«Ja, und was ist mit Onkel Grumpf passiert? Der ist bei der Mammutjagd tödlich verunglückt. Da lob ich mir doch deinen Papa, der geschickt genug ist, die Geier rechtzeitig vom Aas zu vertreiben. Dieses gefährliche neumodische Zeugs kommt mir nicht in die Höhle!»

Wenn wir bei diesem Beispiel bleiben, wird unser Steinzeit-Teenager irgendwann eigene Erfahrungen machen. Und je nachdem, wie die verlaufen, bilden sich seine späteren Verhaltensweisen heraus.

Sollte er bei Familie Grumpf positive Erfahrungen machen

und sich zu einem Grillexperten und exquisiten Steinschläger entwickeln, wird er diese Erkenntnisse an seine eigenen Kinder weitergeben. Seine Eltern werden sich zwar darüber beklagen, dass die Jugend von heute der Untergang sei, aber spätestens im Alter werden sie froh sein, dass ihr Kind genügend Mammutfleisch von der Jagd heimbringt und die Höhle im Winter mit Feuer heizen kann.

Sollte unser Steinzeit-Teenie jedoch zwei linke Hände haben, sich beim Spiel mit dem Feuer kräftig verbrennen und außerdem beide Daumen beim Bearbeiten von Steinzeitwerkzeug blau hauen (und dafür womöglich noch ausgelacht werden), wird er sich mit Sicherheit dem konservativen Ideal seiner Eltern anschließen. Feuer ist gefährlich, Steinzeitwerkzeuge sind was für Tierquäler, denn ein anständiger Urmensch tötet keine Tiere, sondern lebt von Beeren und Aas.

Tatsächlich wird auf diese Weise die massive Kränkung überspielt, die im eigenen Versagen liegt. Und selbst wenn unser Steinzeit-Teenie nicht ausgelacht wurde, so spürt er dennoch seine Unterlegenheit im Vergleich zu anderen, weil er mit den neuen Errungenschaften nicht so gut zurechtkommt. Aber kein Mensch will sich unterlegen und damit minderwertig fühlen. Er braucht etwas, worin er selbst gut ist. Wozu soll er sich weiter mit seinen Eltern streiten, die diese modernen Spinnereien, die ihm selbst auch nur Enttäuschungen gebracht haben, ablehnen? Also versöhnt er sich mit ihnen und lästert dann gemeinsam mit ihnen über die Familie Grumpf. Man sucht nach Fehlschlägen und erfreut sich daran, dass man selbst durch die Wahrung der Traditionen davor gefeit ist. Man selbst hat schließlich noch nie einen Onkel bei der Mammutjagd verloren. Dass der Papa ein Auge beim Kampf mit einem Geier um ein Stück Aas eingebüßt hat, wird runtergespielt, schließlich hat Papa ja noch ein zweites Auge. Es ist anzunehmen, dass auf diese Weise die Schadenfreude erfunden wurde.

Im Folgenden wollen wir uns jetzt mit den einzelnen Typen befassen, die uns mit ihren skurrilen Verhaltensweisen im besten Fall ein Kopfschütteln abnötigen und im schlimmsten Fall zur Weißglut treiben.

Der Miesmacher

Der Miesmacher ist ein Menschentypus, der in allem immer nur das Schlechte sieht. Freude ist ihm fremd, und selbst wenn er Erfolg hat, kann er ihn nicht genießen, sofern er nicht der Beste ist. Noch unangenehmer ist die Tatsache, dass er auch anderen Menschen die Freude an Dingen verleidet. Er findet nicht nur ein Haar in der Suppe, sondern mindestens einen Zopf, wenn nicht gar eine vollständige Perücke. Aus diesem Grunde ist der Miesmacher gefürchtet und nicht sonderlich beliebt.

Der Oberbegriff des Miesmachers umfasst zwei sich ähnelnde Untertypen, die jedoch einige Unterschiede aufweisen, die man beachten muss, wenn man die richtigen Umgangsstrategien mit ihnen finden will.

So gibt es den Miesmacher in seiner Vollausprägung, der mit allem unzufrieden ist und beim Schlechtmachen auch vor sich selbst nicht haltmacht. Dieser Menschentypus ist auch als Miesepeter bekannt. Für Frauen hat sich der Begriff der Miesepetra zwar noch nicht durchgesetzt, aber es spricht nichts dagegen, diesen zu verwenden.

Der zweite Typus ist der Neidhammel, der immer nur das schlechtmacht, was er nicht selbst haben kann. Wer auf korrektes Gendern Wert legt, kann weibliche Neidhammel selbstverständlich auch neidische Zicke oder kurz Neidzicke nennen.

1. Der Miesepeter

Dieser Menschentypus hat in seiner frühesten Kindheit oft Zurückweisungen von seinen Eltern erfahren. Häufig hatten sie keine Zeit, sich mit ihm zu beschäftigen, oder haben Versprechen nicht eingehalten. Klassisch für die Kindheit des Miesepeters sind gemeinsame Erlebnisse mit der Familie, auf die er sich lange gefreut hat und die dann ohne nachvollziehbaren Grund abgesagt wurden. Wenn dem Kind beispielsweise lange ein Zoobesuch versprochen war, aber die Eltern den Ausflug plötzlich canceln, ist die Enttäuschung bei jedem Kind groß. Der Unterschied zwischen dem Miesepeter und anderen Kindern besteht in der Art, wie die Eltern damit umgehen. Während manche Eltern ihren Kindern offen erklären, warum sie den Ausflug absagen mussten – also beispielsweise, weil Mutti als Krankenschwester plötzlich für eine Extraschicht einspringen muss –, reagieren die Eltern künftiger Miesepeter völlig anders. Sie glauben, die Enttäuschung ihres Kindes besser lindern zu können, indem sie an seinen Verstand appellieren: «Sieh mal, so ein Zoo ist doch eigentlich Tierquälerei. Da sind die Tiere nur eingesperrt, und die wären doch viel lieber in freier Natur. Das kann man sich als anständiger Mensch doch gar nicht antun. Wir tun den Tieren doch einen viel größeren Gefallen, wenn wir das nicht länger unterstützen.»

Und schon darf das enttäuschte Kind sich nicht mehr darüber ärgern, dass es nicht in den Zoo kam. Schließlich würde es durch einen Zoobesuch automatisch zu einem Tierquäler werden, der sich an dem Elend eingesperrter Mitgeschöpfe ergötzt. Das Gemeine daran ist, dass es den Eltern überhaupt nicht um das Tierwohl geht. Sie wollen nur moralisch edel dastehen, um eigene Ziele durchzusetzen (meistens handelt es sich dabei um Moralapostel, die wir später kennenlernen werden). Unbewusst spürt das Kind das auch, aber es ist noch nicht in der Lage, diese Gefühle richtig einzuordnen. Es fühlt sich einfach nur unwohl und schiebt das auf sein schlechtes Gewissen wegen der armen Tiere, die in Käfigen leiden müssen.

Wenn nun in der Schule andere Kinder von ihrem Wochenendausflug in den Zoo schwärmen, spürt der neu heranreifende Miesepeter erneut einen Anflug von Neid und Traurigkeit, aber das darf er sich nicht eingestehen. Er will ja niemanden darum beneiden, sich der Riege der Tierquäler angeschlossen zu haben. Also reagiert der kindliche Miesmacher genauso auf die Erzählungen der anderen Kinder, wie seine Eltern auf ihn reagiert haben. Er hält ihnen Vorträge über Tierquälerei, wie abscheulich Zoos sind und dass ein anständiges Kind die niemals betreten würde, weil es sich sonst sofort mitschuldig macht. Falls er noch in der 1. Klasse der Grundschule ist, wird er damit vermutlich Erfolg haben und lauter erschütterte Kinder zurücklassen. Sollte er bereits in der 4. Klasse sein, ist es nicht mehr ganz so einfach, hier riskiert er, von selbstbewussten Kindern ausgelacht oder als Neidhammel beschimpft zu werden.

Dabei ist er sich im Gegensatz zu einem Neidhammel gar nicht darüber bewusst, dass er wirklich neidisch ist. Er hat die Neidgefühle ganz tief in seinem Herzen vergraben und bekämpft sie, indem er sich zum Rächer schwacher Zootiere aufschwingt. Wenn es hart auf hart kommt, wird er die Ehre der armen Zootiere mit der Faust verteidigen und blutige Nasen der unbelehrbaren Zoobesucher in Kauf nehmen. Dass diese Attacken eigentlich seinen Eltern gelten, die ihn enttäuscht haben, wird ihm erst in zwanzig Jahren während seiner ersten Psychotherapie bewusst werden.

Da der jugendliche Miesepeter zu Hause ständig mit Eltern zu tun hat, die zwar unzuverlässig sind, aber für alles logisch klingende Ausreden zur Hand haben, wird er sein Verhalten immer mehr anpassen. Es hat ja auch Vorteile, ein Miesmacher zu sein. Wer die hohe Kunst des Miesmachens beherrscht, kann problemlos Kritiker werden, sei es für Literatur oder die neue Vielzweckgartenschere, die sofort stumpf wurde, obwohl man damit nur sieben Bäume beschnitten hat.

Ein Miesmacher hat zahlreiche Möglichkeiten, Anerkennung zu bekommen, seit es das Internet gibt. Gerade Bewertungsportale für Hotels, Gastronomie, Ärzte oder bei Onlinehändlern sind die ideale Spielwiese für den Miesepeter. Hier kann er zeigen, was er gelernt hat. Der Miesepeter begnügt sich im Gegensatz zum Neidhammel nicht damit, einfach nur eine nichtssagende Rezension zu verfassen und dann einen Stern zu geben. Nein, der echte Miesepeter ist ein Virtuose, der sich Zeit lässt und für einen guten Verriss mehr Energie aufbringt als so manche Politikgröße für ihre Doktorarbeit. Er will das Gegenüber mit seinem Verriss treffen und verletzen, so sehr, wie das Leben ihn selbst ständig verletzt.

Manchmal treibt das sehr skurrile Blüten, wenn der Miesepeter nicht erkennt, wo er die Grenze ziehen sollte. Ein echter Miesepeter bewertet alles. Wenn man Miesepeter in voller Aktion erleben will, sollte man sich bei einem bekannten Onlinehändler, dessen Name an kriegerische Frauen erinnert, die 1-Sterne-Rezensionen über Sexspielzeug durchlesen. Aber bitte nur im Inkognito-Modus, falls man keinen Wert darauf legt, später ständig entsprechende Werbung zu bekommen. Es ist kaum zu glauben, wie detailreich da über zu scharfe Nähte bei aufblasbaren Gummipuppen geklagt wird, an denen der Rezensent sich verletzt hat. Überhaupt sind negative Online-Rezensionen zu allen möglichen Gegenständen eine wahre Fundgrube, wenn man die Psyche seiner Mitmenschen studieren will.

Wenn der Miesepeter sehr erfolgreich ist, schafft er es mit seinem Verhalten häufig in Talkshows oder sogar in die Spitzenpolitik.

Miesepeter in der Politik zeichnen sich durch eine besondere Eloquenz in ihrer Argumentation aus, wenn sie andere auseinandernehmen. Sie sind hervorragend vorbereitet und lassen am politischen Gegner kein gutes Haar. Das Hauptproblem besteht darin, dass sie zwar ausgezeichnete Analysen abfassen, was alles schiefläuft, aber nicht in der Lage sind, konstruktive Lösungsvorschläge anzubieten. Allerdings ist es von Vorteil, einen Miesepeter im Wahlkampfteam zu haben, sofern man auch wenigstens zwei übertriebene Optimisten hat, die konstruktive Vorschläge liefern, während der Miesepeter die Konkurrenz demontiert.

Wenn es um eigene Erfolge geht, fällt es dem Miesepeter oft sehr schwer, einen Sieg zu genießen. Er ist es so sehr gewohnt, sich immer sofort auf das Schlechte zu fokussieren, dass er seine Erfolge schon mal übersieht oder kleinredet. Das kann in der Politik von Vorteil sein. Ein Miesepeter ist die perfekte Besetzung als Deutscher Bundespräsident, der ja von Berufs wegen ständig mahnen und tadeln und an die deutsche Verantwortung erinnern muss. Da ein echter Miesepeter sich auch immer sehr gut auf alles vorbereitet, kann er somit staatstragende und viel bejubelte Reden schwingen, vor allem, wenn es um Gedenktage rund um die Weltkriege oder Naturkatastrophen geht.

Als Bundeskanzler wäre ein Miesepeter allerdings ungeeignet, weil man da konstruktive Lösungsvorschläge bei komplizierten Verhandlungen erwartet.

Wenn der Miesepeter sich gut in seiner Rolle eingelebt hat und die Stärken seiner Persönlichkeit auszuspielen weiß, hat er keinen Grund, irgendetwas an seinem Leben zu ändern. Er ist am Ziel angekommen und dort, wo er nun steht, auch wirklich gut aufgehoben.

Problematischer ist es mit den erfolglosen Miesepetern, die sich darauf beschränken müssen, alles in ihrer privaten Umgebung schlechtzumachen. Ein einziger, für andere unsichtbarer Schönheitsfehler kann ihm bereits die Freude an allem verleiden.

Wenn eine Miesepetra beispielsweise mit ihrer Freundin shoppen geht und die Freundin ein schickes Oberteil anprobiert, wird Miesepetra erst einmal schauen, ob sich auch nirgendwo etwas abzeichnet oder es gar an Problemzonen spannt. Dafür sind Miesepetras als Shopping-Partnerinnen sehr geeignet. Aber wenn nun alles sitzt und die Freundin mit dem Oberteil zur Kasse gehen will, wird Miesepetra es ihr aus der Hand nehmen und sagen: «Lass erst mal gucken, ob auch alle Nähte gut verarbeitet sind.»

Und dann wird Miesepetra so lange suchen, bis sie irgendeine unbedeutende Kleinigkeit gefunden hat. Wenn die Freundin auch eine Miesepetra ist, ist ihre Freude damit fortgeblasen. Sie wird nun die Verkäuferin fragen, ob die das Teil noch einmal in «heil» hat. Falls das gleiche Kleidungsstück noch auf Lager ist, schauen die beiden Miesepetras sehr genau hin – und werden mit Sicherheit wieder irgendetwas finden, das nicht passt. Am Ende gehen sie dann sehr miesepetrig ohne einen Einkauf nach Hause.

Wenn die Freundin selbst keine Miesepetra ist, wird sie vielleicht schon aus Erfahrung klug sein und der Miesepetra das Oberteil gar nicht in die Hand geben, sondern es gleich zur Kasse bringen. Oder aber sie lässt Miesepetra nach Fehlern suchen, in der Hoffnung, dass sie einen findet, der einen Preisnachlass rechtfertigt. Miesepetras und Miesepeter sind übrigens selbst nie zufrieden, wenn sie einen Preisnachlass bekommen, denn der bringt ihnen ja keine Perfektion. Darin unterscheiden sie sich vom Neidhammel, der gezielt etwas schlechtmacht, um davon Vorteile zu haben.

Der Miesepeter ist also für jeden, der auch einige dieser Anteile hat, eine echte Bedrohung, wenn es darum geht, die Freude über eine neue Anschaffung zu zerstören. Bei anderen Menschentypen ist es davon abhängig, ob sie in der Lage sind, die Eigenschaften des Miesepeters konstruktiv zu nutzen.

2. Der Neidhammel

Anders als der Miesepeter ist es dem Neidhammel möglich, sein Verhalten zu steuern und zu kontrollieren. Während der Miesepeter oft das Kind von Moralaposteln ist, wird die Eigenschaft des Neidhammels gezielt von Eltern an die Kinder weitergegeben. Die Kinder lernen am Modell. Angenommen, der Neidhammel möchte gern in den Zoo gehen, aber seine Eltern haben keine Zeit oder (was häufiger bei Neidhammeln ist) kein Geld dafür, dann werden die Eltern ihr Kind nicht mit moralinsauren Ausreden abspeisen, sondern ihm das korrekte Handwerkszeug liefern, um sich selbst durch Entwertung besser zu fühlen.

Stellen wir uns folgende Szene vor:

«Mama, die Eltern von Julia haben eine Jahreskarte für den Zoo. Die erzählt da immer von. Können wir nicht auch mal in den Zoo gehen?»

«Ach ja, die Möllers. Die können sich das ja auch leisten. Weißt du, dass der Vater von der Julia ständig beim Chef rumschleimt und deshalb deinen Papa überboten hat, obwohl er viel weniger kann? Und deshalb hat der Papa nun weniger Geld, sodass wir nicht in den Zoo gehen können, aber Möllers müssen der Julia ja auf deine Kosten nun auch noch eine Jahreskarte schenken. Das sind ganz widerliche Typen.»

«Aber ich möchte gern in den Zoo, Mama.»

«Da kannst du dich bei Julia und ihren Eltern bedanken, dass wir uns das nicht leisten können. Die könnten dich ja auch mal einladen, aber das fällt den feinen Herrschaften, die hier nur auf unsere Kosten leben, ja nicht ein.»

«Aber was soll ich denn in der Schule sagen, wenn alle in den Zoo dürfen, aber ich nicht?»

«Du bist doch ein kluger Junge, Lukas. Eigentlich ist die Julia doch ein ganz armer Mensch, weil sie es nötig hat, sich daran zu ergötzen, eingesperrte Tiere anzusehen. Du kannst ihr sagen, dass du nicht in den Zoo gehst, weil du die Freiheit der Tiere respektierst und Menschen verachtest, die diese Tierquälerei auch noch mit einer Jahreskarte unterstützen.»

«Aber ich will doch auch in den Zoo, Mama.»

«Wir haben dafür kein Geld. Und schuld daran ist die Familie von der Julia. Willst du wirklich zulassen, dass die sich weiterhin gut damit fühlt, auf unsere Kosten regelmäßig in den Zoo zu gehen?»

Da Lukas erkennt, dass er keine Möglichkeit hat, selbst in den Zoo zu kommen, will er natürlich die eingebildete Julia bestrafen. Und deshalb erzählt der Neidhammel nun die gleiche Geschichte wie der Miesepeter, von wegen, dass er den Zoo ablehne, weil das Tierquälerei sei.

Der Unterschied liegt darin, dass der Neidhammel im Gegensatz zum Miesepeter nicht selbst daran glaubt, sondern es gezielt einsetzt, um Julia fertigzumachen. Derartige Verhaltensweisen sind sehr weit verbreitet und fanden bereits in Fabeln Einzug, man denke nur an den Fuchs, der nicht an die Trauben herankam und sagte, sie seien zu sauer.

Der Neidhammel hat also nur ein Ziel – er will anderen die Freude an den Dingen verleiden, die er selbst nicht haben kann. Falls er diese Dinge dann doch auf die eine oder andere Weise bekommt, genießt er sie trotzdem.

Stellen wir uns mal vor, Julia ist jetzt so verzweifelt über die armen Tiere im Zoo und schämt sich so sehr, dass sie ihre Jahreskarte in den Schulpapierkorb wirft. Dann wäre Neidhammel Lukas der Erste, der sie heimlich herausfischen und selbst weiterverwenden würde, sofern sie nicht mit einem Foto personalisiert ist.

Und sollte ihn jemand darauf ansprechen, warum er nun selbst regelmäßig in den Zoo geht, wird er einfach eine neue Geschichte erfinden, um das zu rechtfertigen. Beispielsweise habe er inzwischen erfahren, dass gerade dieser Zoo sich sehr für die Arterhaltung einsetze und damit einen wesentlichen Beitrag gegen das Artensterben leiste.

Der Neidhammel ist also ein Opportunist, der sein Fähnlein bedenkenlos mit dem Winde flattern lässt. Was er nicht durch eigene Leistung erreichen kann, macht er schlecht, und sein größter Erfolg ist es, wenn er seinem Gegenüber etwas so sehr verleidet hat, dass der keinen Spaß mehr daran hat.

Neidhammel trifft man in der Gesellschaft überall. Eine Neidzicke hätte zum Beispiel kein Problem damit, ihrer Freundin lang und breit zu erklären, warum ihr aktueller Freund nichts taugt, nur um ihn sich dann selbst zu krallen, wenn die Freundin ihm den Laufpass gegeben hat.

In der Politik findet man diesen Charakterzug häufig bei Mitgliedern kleinerer Parteien, die sich gern als Koalitionspartner andienen. Und wenn sie dann nicht ihr Ziel erreichen, knackige Slogans unter das Wahlvolk bringen, dass es beispielsweise besser sei, gar nicht zu regieren, als falsch zu regieren.

Als Arbeitskollegen sind Neidhammel und Neidzicken

ebenfalls mit Vorsicht zu genießen, weil sie dazu neigen, bewusst alles schlechtzureden, um selbst Vorteile zu haben. Wenn sie also einem Kollegen einen tollen Verbesserungsvorschlag lang genug schlechtgeredet haben, sodass er ihn ebenfalls in den Papierkorb wirft, scheuen sie sich nicht, ihn später als eigene Idee auszugeben, sofern die Gelegenheit günstig ist.

Auf Onlineportalen haben Neidhammel Spaß daran, anonym Dinge schlecht zu bewerten, die sie sich ohnehin nicht leisten können. Vermutlich sind Neidhammel daran schuld, dass bestimmte Online-Anbieter nur noch Bewertungen zulassen, wenn sichergestellt ist, dass derjenige auch wirklich Kunde ist. Denn Neidhammel können sowohl etwas schlechtreden als auch Gefälligkeitsrezensionen verfassen, wenn die Bezahlung stimmt. Und die muss nicht immer materieller Natur sein, manchmal sind Gefälligkeiten, die einem jemand schuldet, viel wertvoller.

Während also Miesepeter und Miesepetra selbst von dem überzeugt sind, was sie tun und sagen, und darunter leiden, sind Neidhammel und Neidzicke hinterlistige Zeitgenossen, die nur auf ihren eigenen Vorteil aus sind und wenig Skrupel kennen.

Der übertriebene Optimist

Nachdem wir mit dem Miesmacher gerade einen Zeitgenossen kennengelernt haben, der aufgrund seiner negativen Ausstrahlung so unangenehm ist, schauen wir uns jetzt das Gegenteil an.

Der übertriebene Optimist ist auf den ersten Blick ein fröhlicher Mensch, der immer einen Lösungsvorschlag parat hat, die Ärmel hochkrempelt und scheinbar gute Laune verbreitet.

In seiner Kindheit hat dieser Menschentypus gelernt, dass man aus allem das Beste machen muss. Das erscheint zunächst als großer Vorteil, aber natürlich gibt es einen gewaltigen Haken. Deshalb werfen wir auch hier einen Blick zurück in die Kindheit.

Übertriebene Optimisten hatten meist keine leichte Kindheit, sondern stammen entweder aus ärmeren Verhältnissen oder aus Familien, in denen es sonstige Defizite gab, beispielsweise ein schwer erkrankter Elternteil oder Geschwisterchen, dem alle Aufmerksamkeit der Eltern gehörte.

Übertriebene Optimisten sind in ihrer Kindheit schon früh mit Sorgen und Verantwortung konfrontiert worden, aber sie hatten Eltern, die sich trotz allem bemühten, dies halbwegs aufzufangen. Sie appellierten an den Verstand der Kinder, kümmerten sich, so gut sie es vermochten, um eine positive Einstellung.

Diese Kinder liebten ihre Eltern dafür und wollen sie nun ihrerseits entlasten. In der Fachsprache gibt es den Begriff der «Parentifizierung», wenn Kinder die Rolle der Eltern im Umgang mit den Eltern übernehmen. Dieser Begriff ist auf die Kindheit und Jugend beschränkt, die Versorgung gebrechlicher alter Eltern durch die bereits erwachsenen Kinder zählt nicht dazu.

Stellen wir uns also vor, wir haben eine Familie, bei der die Mutter plötzlich an Krebs erkrankt und eine Chemotherapie machen muss. Die Heilungschancen sind ungewiss, ständig kreist der Tod über der Familie.

Die Eltern von späteren übertriebenen Optimisten bemühen sich nun darum, aus allem das Beste zu machen. Wenn Mutti von der Chemotherapie heimkommt, gibt es Eis mit Sahne. Also ist ein Chemotag ein guter Tag, weil es etwas Schönes gibt. Trotzdem weiß das Kind, dass das nicht stimmt, weil Mutti selbst nichts davon essen kann, sondern sich ständig übergeben muss. Auch an gemeinsame Ausflüge ist nicht mehr zu denken, selbst andere Kinder können nicht zu Besuch kommen, weil man keine Krankheitskeime einschleppen will, da Mutti durch die Chemo ja so abwehrgeschwächt ist. Das Kind lernt, dass die Mutter positiven Zuspruch braucht und man jede Aufregung von ihr fernhalten muss, damit sie nicht stirbt. Jugendliches Aufbegehren in der Pubertät ist tabu – damit könnte man die Mutter töten. Andererseits gibt es für positives Denken und Fröhlichkeit nicht nur liebevolle Zuwendung von den Eltern, sondern es gibt dem Kind auch etwas Kontrolle über diese schwierige Situation zurück. Positives Denken kann die Welt verändern, also wird nicht gejammert, sondern in jedem Moment das Beste gesucht.

In einer schwierigen familiären Situation ist so ein Verhalten auch für das Kind überlebensnotwendig und richtig. Allerdings kann es dann problematisch werden, wenn das Kind keine Chance mehr hat, auch seine Defizite zu benennen, seine Wut zu zeigen und seine Verzweiflung. Dieser Teil wurde beim übertriebenen Optimisten komplett ausgeblendet und bekam keinen Raum, weil das Zulassen negativer Gefühle mit dem drohenden Tod der Mutter gleichgesetzt wird. Das Kind hat verinnerlicht: Negative Gefühle jeder Art sind gefährlich und müssen sofort unterdrückt werden.

Derartige Entwicklungsfolgen können auch auftreten, wenn ein Elternteil beispielsweise psychisch instabil und depressiv oder womöglich cholerisch ist, weil immer dann, wenn negative Verhaltensweisen gezeigt werden, ein Wutausbruch die Folge ist. Gleichzeitig haben die Eltern aber noch genügend liebevolle Anteile, die es für das Kind lohnenswert machen, stets scheinbar ungetrübt optimistisch zu sein.

Da aber kein Mensch ständig nur positive Gefühle haben kann, muss der übertriebene Optimist, der die negativen Gefühle als unerträglich bedrohlich erlebt, so viel Kraft ins positive Denken stecken, dass er eben zum übertriebenen Optimisten wird – und auch da scheinbaren Optimismus verbreitet, wo es völlig unangebracht ist. Und so kann es dann manchmal zu Reaktionen kommen, die bei anderen nur ein entsetztes Kopfschütteln auslösen.

Vor allem dann, wenn jemand Mitgefühl und Trost braucht und seine Trauer offen zeigt, wird der übertriebene Optimist oft als herzlos wahrgenommen, weil er dazu neigt, sofort das Positive in den Fokus zu rücken und pragmatische

Ratschläge zu geben, ohne zu berücksichtigen, ob sein Gegenüber etwas mit diesen Ratschlägen anfangen kann oder sie womöglich als Schlag ins Gesicht empfindet. Dem übertriebenen Optimisten fehlt nämlich die Geduld, zunächst zu trösten und erst dann langsam gemeinsam mit dem Betroffenen den Blickwinkel zum Positiven zu wechseln.

Stellen wir uns vor, jemand hat einen Schlaganfall erlitten, ist halbseitig gelähmt und braucht nun nach der Rehabilitation den Umbau eines behindertengerechten Bades. Während die übliche Anteilnahme lauten würde: «Das ist wirklich schlimm, aber Gott sei Dank, du hast überlebt, und wenn das Bad erst mal umgebaut ist, wird das auch zu Hause wieder gut gehen», würde ein übertriebener Optimist sagen: «Sieh es mal positiv – jetzt kriegst du ein neues Bad auf Krankenkassenkosten und musst dich nicht mehr über die hässliche alte Wanne ärgern.»

Natürlich gibt es Menschen, mit denen man gut so flapsig reden kann, weil sie wissen, wie das gemeint ist, und diese Art von Humor schätzen. Aber der übertriebene Optimist kann nicht unterscheiden, wann diese Art angebracht ist und wann nicht. Er kann es nicht ertragen, das Leid anderer an sich heranzulassen, weil das negative Gefühle auslöst. Und die sind gefährlich – also weg damit. Gleichzeitig löst er damit nun aber bei seinem Gegenüber genau die negativen Gefühle aus, die er selbst nicht erträgt. Und so ging schon so manche Bekanntschaft des übertriebenen Optimisten in die Brüche.

Auch in der Politik findet man übertriebene Optimisten. Man erkennt sie daran, dass sie sämtliche Schwierigkeiten ausblenden und nur das Positive sehen wollen. Ein Beispiel dafür ist die Flüchtlingskrise von 2015, in der von übertriebenen Optimisten nur die positiven Seiten gefeiert wurden, aber wer ganz realistisch bemängelte, dass man nicht einmal mehr genügend Unterbringungsmöglichkeiten hatte und Menschen in Deutschland noch im Winter 2015/16 in Zelten hausen und bei Minustemperaturen rausgehen mussten, um die Toilettencontainer auf der anderen Seite des Hofs zu erreichen, wurde entweder mit Floskeln abgespeist oder gar in die rechte Ecke gestellt. Viele der damals entstandenen Probleme resultierten daraus, dass übertriebene Optimisten in dieser Zeit das Zepter in der Hand hielten.

Im Arbeitsleben ist der übertriebene Optimist oft der Liebling des Chefs, weil er vorgibt, für alles eine Lösung zu haben. Er will den Chef nicht verärgern, denn das löst negative Gefühle aus, und die sind gefährlich.

Wenn es wirklich mal zu arbeitsrechtlich relevanten Problemen kommt, neigt der übertriebene Optimist dazu, möglichst beschwichtigend aufzutreten und Schwierigkeiten zu negieren. Damit fällt er seinen Kollegen in den Rücken und versäumt die Möglichkeit, sich die wirklichen Probleme bewusst zu machen und dann seine im Prinzip guten Ideen vorzustellen.

Sein Problem besteht darin, Schwierigkeiten auszublenden und sofort schnelle Lösungen anzubieten. Oft genug sind das dann tatsächlich Schnellschüsse, die auf lange Sicht nach hinten losgehen können.

Andererseits ist der übertriebene Optimist auch oft sehr redegewandt. Wenn es lediglich um Slogans geht, wie sie in den sozialen Netzwerken verbreitet werden, ist er unschlagbar. Da kann er viele Dinge prägnant und pointiert zusammenfassen, denn mit einer positiven Botschaft kann er ja auf einen Schlag alle negativen Gefühle ausblenden. Und deshalb ist der übertriebene Optimist gut in Jobs, die mit Marketing und Werbung zu tun haben. Auch als Kabarettistin kann sich eine übertriebene Optimistin gut machen, denn ihre flapsigen Lösungsvorschläge treffen da haargenau auf das richtige Publikum.

Der Missionar

Wer kennt sie nicht, die Geschichten von weißen Missionaren, die überall auf der Welt das Christentum verbreitet haben oder es zumindest versuchten. Wurden sie noch vor hundert Jahren bewundert und war Missionsschwester für junge Mädchen, die ins Kloster gingen, ein Traumberuf, so rückten in den letzten fünfzig Jahren immer mehr die negativen Seiten in den Fokus der Betrachtung. Der ursprünglich positive Begriff des Missionars als eines Lehrers, der anderen helfen will, steht nun für einen Besserwisser, der meint, er müsse sein Gegenüber rücksichtslos von seiner Weltanschauung überzeugen, um ihm damit einen Gefallen zu tun. Ähnlich verhält es sich mit dem Menschentypus, der im Folgenden als Missionar bezeichnet wird.

Der Typus des Missionars ist grundsätzlich ein idealistischer Mensch, der anderen helfen will und nie um einen guten Ratschlag verlegen ist. Wenn er eine Lösung für ein Problem gefunden hat, möchte er die ganze Welt daran teilhaben lassen, damit alle anderen ihr Problem auf dieselbe Weise lösen können. Er genießt es, Menschen etwas zu erklären und ihnen zu helfen, allerdings müssen seine Mitmenschen sich dabei genau an seine Anleitung halten.

Stellen wir uns vor, ein Missionar ist Mathematiklehrer. Dann wird er von seinen Schülern erwarten, dass sie ganz genau seinen Rechenweg für eine komplexe Aufgabe einhalten, auch wenn es verschiedene Lösungswege gibt. In einer Klausur wird der Missionar notgedrungen bei richtigem Ergebnis auch den anderen Lösungsweg anerkennen und mit

Teilpunkten belohnen, aber die volle Punktzahl gibt es nur, wenn man den von ihm vertretenen Weg akribisch vorgerechnet hat. Bei allen anderen Lösungswegen wird er scheinheilig erklären, warum die nicht so perfekt sind wie der, den er propagiert, und deshalb Punkte abziehen. Ähnlich ist es, wenn ein Missionar Gemeinschaftskunde oder Ethik unterrichtet. Wenn die Schüler in offenen Diskussionen von der Meinung des Lehrers abweichen, können sie für eine eloquente Diskussionsführung und Argumentation zwar noch mittelmäßige Noten bei ihm erzielen, aber wer eine Eins haben will, muss genau das herunterbeten, was der Missionar hören will. Dabei ist so ein Lehrer mit Missionarscharakter allerdings leicht zu übertölpeln, denn ihm fehlt die Empathie, um festzustellen, ob der Schüler es ernst meint oder nur das sagt, was der Lehrer hören will, um gute Noten zu bekommen, während er sich seinen eigenen Teil denkt.

Im Freundes- und Bekanntenkreis erkennen wir Missionare daran, dass sie uns nicht nur erzählen, was sie gerade gekauft haben, sondern dass sie uns ihren eigenen Geschmack aufzwingen wollen. Sie begreifen einfach nicht, dass sie vielen Leuten damit auf den Keks gehen, sondern halten sich für liebenswert und hilfsbereit.

Wenn man sich mit Freunden zu einer Kochgruppe trifft und eine Missionarin darunter ist, kann man sich sicher sein, dass sie entweder komplett das Zepter in die Hand nimmt, wie die einzelnen Zutaten zu gewichten sind, weil sie damit doch am meisten Erfahrung oder es zumindest mal so in einem Buch gelesen hat, oder aber die Gruppe wird sich noch vor Fertigstellung der Mahlzeit hoffnungslos zerstreiten. Die einzige Ausnahme bestünde darin, wenn ein von der Missionarin anerkannter Küchenpapst dabei ist, der als Koryphäe gilt, von dem die Missionarin selbst noch etwas lernen kann.

Wie sein christliches Vorbild hört auch der Missionar auf Päpste aller Art. Wenn ein Literaturpapst, den er bewundert, ein Buch empfiehlt, wird der Missionar es lesen und sogar weiterempfehlen, auch wenn es ihm nicht gefällt. Denn er stellt Autoritäten nicht infrage. So wenig empathisch er gegenüber anderen ist, die er nicht auf Augenhöhe erlebt, so unempathisch ist er auch gegen sich selbst, wenn er glaubt, jemand sei ihm überlegen. Da ist der Missionar dann selbst bekehrungswillig und akzeptiert die Ratschläge des vermeintlich Klügeren. Problematisch wird es, wenn der Missionar sich selbst als Papst aller Klassen ansieht. Dann ist meist Hopfen und Malz verloren, und während seine Groupies ihm hinterherlaufen, wird er vom Rest der Welt gehasst.

Der Missionar ist der Meinung, die Welt wäre eine Bessere, wenn alle immer auf den Klügsten hören würden. Und das sind natürlich stets die Leute, die er ebenfalls verehrt. Der Denkfehler des Missionars liegt darin, dass es nun mal keine allgemeingültige Wahrheit gibt und viele Wege zum Ziel führen. Für den Missionar gibt es nur einen Lösungsweg, und nur wenn alle diesen Weg ohne jede Abweichung beschreiten, ist die Welt in Ordnung.

Selbstverständlich hört der Missionar gern auf die Wissenschaft und begründet damit seine Missionarsansprüche. Das Problem ist nur, dass es «die Wissenschaft» als eine einheitliche Konstante ebenfalls nicht gibt. In seinem Missionarseifer blendet er vollkommen aus, dass Wissenschaft ein steter

Diskurs mit ständigem Hinterfragen und Diskutieren neuer Theorien ist. Ein Charles Darwin hatte es schon bei den Missionaren seiner eigenen Zeit sehr schwer, als Wissenschaftler anerkannt zu werden. Natürlich kann man unter den Missionaren Menschen treffen, mit denen man sich hervorragend versteht, weil sie zufälligerweise die gleichen Quellen als missionierungswürdig anerkennen wie man selbst. Andererseits kann man unter ihnen auch Feinde fürs Leben finden, wenn sie eine entgegengesetzte Sichtweise vertreten.

Da der Missionar missionieren will, ist er an einer ergebnisoffenen Diskussion nicht interessiert. Seine Meinung ist die einzig richtige, und es ist zwingend erforderlich, dass alle anderen Menschen das einsehen. Im Gegensatz zum Fanatiker oder zum Moralapostel, auf die wir in den folgenden Kapiteln noch zu sprechen kommen, handelt der Missionar allerdings nicht aus Eigennutz, sondern aus Idealismus. Er will helfen, koste es, was es wolle. Wenn ihm jemand widerspricht, versucht er zunächst engelsgleich, den Menschen zu überzeugen. Wenn er aber merkt, dass sein Gegenüber eine andere Meinung mit guten Argumenten vertreten kann, ist der Missionar keineswegs bereit, diese Argumente abzuwägen und dann einen Kompromiss zu schließen. Im Gegenteil, dann wird der Missionar oft genug hoch emotional und ersetzt seine eigenen Argumente durch polemische Slogans. Vor allem in den sozialen Netzwerken teilt er dann Memes, die seine Meinung mal mehr, mal weniger pointiert auf den Punkt bringen, aber dabei am eigentlichen Thema – der gemeinsamen Suche nach Lösungen – vorbeigehen. In der Coronakrise konnte man zwei grundverschiedene Missionarstypen beobachten, die einander bekämpften: die radikalen Gegner der Corona-Impfung gegen die radikalen Impfbefürworter.

Während normale Menschen sich entweder impfen lassen oder nicht, aber ihre Meinung niemandem aufzwingen, sondern meinen, jeder müsse selbst entscheiden, arbeiten die Missionare auf beiden Seiten mit Angst. So wie ihre christlichen Vorgänger den Eingeborenen mit der Hölle drohten, drohen die Missionare unserer Zeit mit grauenvollen Konsequenzen für alle, die nicht das tun, was sie ihnen raten. Zunächst fing alles mit der Wissenschaft an. Impfbefürworter und Impfgegner tauschten wissenschaftliche Argumente aus. Allerdings war bereits die Wahl der wissenschaftlichen Quellen parteiisch. Jede Seite zitierte nur jene Wissenschaftler, die ihrer Meinung waren. Da die verfeindeten Missionare sich weigerten, die unterschiedlichen Studien abzugleichen und in Relation zu setzen, so wie es ein seriöser wissenschaftlicher Disput erfordert, gingen sie als Nächstes dazu über, die Wissenschaftler, die die Studien erstellt hatten, als Personen zu diskreditieren. Indem sie den Forschern ihre Reputation absprachen und sie als Scharlatane oder von der Pharmaindustrie als bestochen hinstellten, mussten sie sich nicht mehr mit den tatsächlichen Inhalten auseinandersetzen. Jetzt waren die Missionare an dem Punkt, an dem ihre christlichen Vorfahren im Urwald standen – es ging um Glaubensfragen. Ist Jesus besser als ein Ahnenkult? Dass beides seine Berechtigung haben kann und es für beiderlei Existenz keine Beweise gibt, spielte für die christlichen Missionare keine Rolle, weil sie ja davon überzeugt waren, dass nur ihr Glaube die Menschheit erlösen konnte.

Ebenso ist es bei den missionarischen Impfgegnern und Impfbefürwortern. Der missionarische Impfgegner führt nun sogenannte Impfschäden an, erzeugt ein Horrorszenario, das aber dann schon wieder so übertrieben ist, dass es kein vernünftiger Mensch mehr glauben kann, beispielsweise, dass alle Geimpften innerhalb von drei Jahren sterben werden oder schwerste Folgeschäden in Kauf nehmen – die Höllenstrafe in moderner Form. Die impfbefürwortenden Missionare fordern hingegen einen staatlichen Zwang oder, sofern der nicht möglich ist, dass man es Ungeimpften so unbequem wie möglich machen muss. Sie hoffen, dass die Menschen sich dann aus Bequemlichkeitsgründen impfen lassen werden. Ebenso, wie die Spanische Inquisition Andersgläubige drangsalierte, bis die sich endlich taufen ließen.

Eine vernünftige Auseinandersetzung mit dem Thema ist dadurch nicht mehr möglich. Wenn die Angst regiert, reagieren Menschen irrational und hören auf die Slogans, die ihre gegenwärtige Stimmung besser widerspiegeln. Wenn wir uns die Diskussion um die Corona-Impfungen in den Medien und sozialen Netzwerken ansehen, können wir hier im Kleinen den Kampf der Slogans beobachten. Es geht nicht mehr um Inhalte, sondern um Glaubensgrundsätze. Jede Gruppe deutet Statistiken in ihrem Sinne und scheut sich nicht, bestimmte Fakten unter den Tisch fallen zu lassen, wenn sie nicht ins eigene Weltbild passen. Wer sich nicht so genau auskennt, neigt dazu, demjenigen zu glauben, der entweder vertrauenswürdiger wirkt oder der die leichtere Lösung propagiert. Für manche ist das dann die Impfung, weil man sich endlich sicher fühlen und alles machen kann, für andere wiederum ist es die Negierung der Gefahr und die Vorstellung, dass die Impfung schlimmer ist als die Erkrankung. Aber sobald ein Missionar ins Spiel kommt, geht es nicht mehr um Wissenschaft, sondern nur noch um Glaubensfragen.

Wie kommt es nun, dass manche Menschen zu so eifrigen Missionaren werden? Welchen Vorteil hat ein Mensch davon, andere zu missionieren, anstatt jeden so leben zu lassen, wie er es möchte?

Dahinter steht der Wunsch nach Kontrolle und damit zugleich dem Abbau von Ängsten. Auch wenn wir Menschen meist das Gefühl haben, wir hätten die Kontrolle über unser Leben, kann niemand mit Sicherheit sagen, ob er am Abend wirklich noch lebt.

Tief in seinem Herzen ist der Missionar ein sehr unsicherer und ängstlicher Mensch. Irgendwann in seinem Leben hat er einmal die Erfahrung gemacht, dass er an seine Grenzen gekommen ist, und war verzweifelt. Das müssen nicht mal besonders schlimme Dinge gewesen sein. Auch Alltagsbanalitäten können dazu führen; Ereignisse, die auf den ersten Blick so unwichtig waren, dass der Missionar sie längst aus seiner bewussten Erinnerung verdrängt hat. Aber die Gefühle bleiben. Er weiß noch, wie sich Unsicherheit und Verzweiflung anfühlen, aber dann fand er eine Lösung, die ihm half, diese unangenehmen Gefühle zu überwinden. Plötzlich ist er wie befreit. Das ist die Lösung! Und in seiner Begeisterung will er diese Lösung allen anderen erklären, denn je öfter er diese Lösung unter die Menschen bringt, umso besser ist sie auch in seinem eigenen Erleben. Ein christlicher Missionar, der Angst vor dem Tod hat, bekämpft die Angst vor dem großen Nichts, indem er andere davon überzeugt, dass Jesus allen das Paradies versprochen hat. Und je mehr andere Leute es glauben, umso eher kann er es selbst glauben. Er muss missionieren, um sich ständig zu versichern, dass das, was er sagt, wirklich wahr und hilfreich ist.

Das funktioniert auch bei kleineren Anlässen. Stellen wir uns beispielsweise vor, unser Missionar litt jahrelang an Übergewicht und hat nun erfolgreich abgenommen. Er ist jetzt schlank und fühlt sich pudelwohl. Und nun will er seinen im wahrsten Sinne des Wortes dicken Freunden helfen, diesen Weg ebenfalls zu beschreiten. Einige werden von seinen Tipps profitieren. Der Missionar sonnt sich nun in dem Gefühl, anderen geholfen zu haben, und möchte dieses Gefühl immer wieder genießen, zumal es ihm seine eigenen Sorgen nimmt. Nichts bekämpft Ängste und Sorgen besser als ein starkes positives Glücksgefühl. Und da der Missionar im Prinzip ein Idealist ist, will er, dass sich alle Leute so gut fühlen. Wenn unter seinen Freunden nun welche sind, die mit seiner Methode nicht abnehmen, ist er irritiert. Er will sich diese schöne Methode nicht schlechtreden lassen, die ihm und anderen so gut geholfen hat. Denn das würde ja dazu führen, dass er sich selbst wieder schlecht fühlt und die Kontrolle darüber verliert. Denn wer weiß, ob er noch mal so erfolgreich abnehmen könnte, falls er wider Erwarten doch wieder zunimmt. Deshalb sind diejenigen, die sich nicht missionieren lassen, für ihn und sein Wohlbefinden eine Gefahr, und Gefahren müssen bekämpft werden.

Ein weiteres Problem liegt darin, dass missionarischer

Eifer zwar eine Zeit lang viele Menschen mobilisieren kann, aber nicht nachhaltig wirkt, da die Missionierten ähnlich wie die Schüler eines Missionar-Lehrers bald lernen, was sie sagen müssen, um Vorteile zu haben.

Die gegenwärtige Politik zeigt uns dafür auch ein schönes Beispiel. Umweltaktivistin Greta Thunberg weist klassische Missionarszüge auf. In dem Buch *Szenen aus dem Herzen*, das ihre Mutter verfasste, wird besonders deutlich, woher Greta Thunberg ihre Kraft nahm. Sie hatte große Angst. Und diese Angst bekämpfte sie, indem sie mithilfe ihrer Eltern, die über die nötigen Pressekontakte verfügten, die weltweite Klimabewegung Fridays for Future ins Leben rief. Das Problem besteht allerdings darin, dass viele ihrer Anhängerinnen und Anhänger der Meinung sind, es genüge zu demonstrieren. Freitags-Demos wurden zum großen Happening. Und viele Politiker, die sich jugendnah geben wollten, suchten die Nähe der Bewegung und die Nähe ihrer Ikone Greta, um damit Stimmen zu gewinnen.

Allerdings änderte sich nicht viel in der eigentlichen Politik, es wurden nur weiterhin große Sprüche geklopft. Irgendwann kam dann der Punkt, an dem Greta das erkannte und emotional ihre Rede «How dare you» hielt. Das nützte natürlich auch nichts. Gretas unspezifische Forderung, «auf die Wissenschaft zu hören», verpuffte weitestgehend im Nichts, weil es nun mal keine einheitliche Wissenschaft gibt und sich jeder das aussuchen konnte, was ihm genehm war. Eine Zeitlang war es schick, fürs Klima zu streiken, nur interessierte sich das Klima leider nicht die Bohne, ob die Kinder nun zur Schule gingen oder nicht. Und die Politiker interessierte es auch nicht, die sahen nur junge Leute, die man mit netten Slogans als potenzielle Wähler gewinnen konnte.

Die Presse zeigte die großen Demos, aber es fand keine vergleichbare Berichterstattung über eventuelle Lösungsvorschläge statt. Es wurde also nicht für einen bestimmten Lösungsansatz demonstriert, sondern so unspezifisch, dass daraus kein Handlungsauftrag wurde. Das liegt unter anderem auch daran, dass Gretas Mission nicht die Veränderung war, sondern die Demonstration. Sie forderte: «Macht endlich was, um das Klima zu schützen.» Was fehlte, war der Arbeitsauftrag, der jeder erfolgreichen Demonstration und jedem erfolgreichen Streik zugrunde liegt.

Greta wollte die Menschen nicht zu einer bestimmten Handlungsweise missionieren, sondern nur dazu, überhaupt etwas zu tun. Und das taten die Menschen auch. Sie gingen auf die Straße und machten schöne Fotos mit Politikern. Als dann die Corona-Krise kam, verschwand die Klimakrise aus der öffentlichen Berichterstattung. Schulstreiks waren plötzlich nicht mehr interessant, weil die Schulen im Lockdown ohnehin geschlossen waren.

Das Problem idealistischer Missionare liegt darin, dass sie irgendwann uninteressant werden. Und dann verschwinden sie entweder in der Bedeutungslosigkeit, oder sie müssen zu brutalen Mitteln greifen, wie die spanischen Missionare bei der Eroberung Südamerikas, die vor Folter und Mord nicht zurückschreckten. Ein netter, idealistischer Missionar kann zwar kurzfristig Massen bewegen, aber irgendwann müssen andere das Zepter übernehmen, die auf andere Weise von seinen Zielen überzeugt sind, oder er wird vergessen.

Der Fanatiker

Ein enger Verwandter des Missionars ist der Fanatiker. Wir verbinden den Begriff des Fanatikers – ebenso wie den des Missionars – oft mit der Religion, denn genau in diesem Milieu wurden die ersten Fanatiker geboren, auch wenn sie heute alle Bereiche des gesellschaftlichen Lebens erobert haben. In ihrer liebenswerten Form sind sie einfach nur Fans, die eine fanatische Zuneigung zu ihren Lieblingsstars oder ihrer Fußballmannschaft haben. Der echte Fanatiker ist hingegen ein sehr unangenehmer Zeitgenosse.

Laut Definition ist ein Fanatiker eine Person, die einer Idee oder einer Sache mit Leidenschaft anhängt und sie mit rücksichtslosem Eifer vertritt. Entscheidend ist hier das Wort rücksichtslos, denn der Fanatiker kennt keine Gnade, wenn es um die Erreichung seiner Ziele geht. Im schlimmsten Fall geht er dafür über Leichen, wie man es vor allem bei religiösen Fanatikern beobachten kann, die nicht einmal ihren eigenen Tod fürchten, da sie felsenfest davon überzeugt sind, sie würden für Massenmord in den Himmel kommen. Oft ist es schwierig, bei überzeugten Fanatikern zwischen reinem Fanatismus und einer behandlungsbedürftigen psychischen Erkrankung zu unterscheiden.

Den Fanatiker zeichnet neben seiner Radikalität auch die Unbelehrbarkeit aus, mit der er seine Überzeugungen wider besseres Wissen vertritt. Durch das Internet kann man inzwischen in den sozialen Netzwerken Einblick in die Gedankenwelt von Fanatikern gewinnen. Fanatiker vertreten radikale Sichtweisen zu verschiedenen Aspekten des gesellschaftlichen Lebens. Ebenso wie der Missionar wollen sie andere von der Wahrheit ihrer Ideen überzeugen, aber während der Missionar zunächst noch mit Argumenten arbeitet und versucht, den anderen wirklich zu überzeugen (auch wenn er selbst an seiner Meinung unkorrigierbar festhält), überspringt der Fanatiker den Schritt der Überzeugungsarbeit und geht gleich dazu über, seine Meinung zur allgemeingültigen Wahrheit und alle Andersdenkenden zu Gegnern zu erklären. Im besten Fall ignoriert der Fanatiker Andersdenkende, im schlimmsten Fall bekämpft er sie.

Ein Blick nach Afghanistan genügt, um zu begreifen, wie gewalttätiger religiöser Fanatismus funktioniert, der oft genug auch in Terrorismus ausartet.

Obwohl Terroristen eine nicht zu unterschätzende Gefahr darstellen, sind die Fanatiker im Alltag viel gefährlicher für das normale menschliche Miteinander, da sie das gesellschaftliche Leben durch ihren Fanatismus immer weiter untergraben und die Spaltung der Gesellschaft vorantreiben. Fanatiker gibt es in allen Gesellschaftsschichten, in sämtlichen politischen Lagern und allen religiösen Ideologien.

Man erkennt den Fanatiker im Alltag daran, dass er, sofern das Gespräch auf ein von ihm fanatisch vertretenes Thema kommt, sehr schnell aggressiv wird, wenn man anderer Meinung ist.

In der Politik beschimpfen sich die fanatischen Volksvertreter oder handeln hoch emotional. Sie verlieren ihre Contenance und werden damit selbst angreifbar. Deshalb kommen Fanatiker in gesicherten Demokratien meist nie in die höchsten Ämter, sind aber oft brauchbare Türöffner für die gemäßigteren Radikalen. Ein Fanatiker hat nicht mehr viel zu verlieren, deshalb ist es ihm auch egal, was andere von ihm denken. Er kennt nur noch Freunde oder Feinde. Wer nicht für ihn ist, ist gegen ihn und muss vernichtet werden – entweder ideell oder tatsächlich physisch.

Der Fanatiker ist voller Aggressionen, die er bündelt, um sein Ziel zu erreichen. Meist sind auch die Aggressionen zuerst da, und erst danach bricht der Fanatismus als willkommenes Ventil für die unkontrollierbar gewordenen Aggressionen durch.

Fanatiker entwickeln sich oft in den unteren Gesellschaftsschichten. Menschen, die bereits als Kinder miterleben mussten, dass sie weniger wert sind als andere, nur weil sie in die falsche Schicht geboren wurden, sehnen sich nach Anerkennung. Diese wird ihnen aber verweigert. Also sind sie empfänglich für Organisationen, die ihnen Anerkennung bieten. Sie haben als Kind nie erlebt, dass man sie um ihrer selbst willen geliebt hat, einfach nur, weil sie da waren. Diese fehlende erste sichere Bindung, das Gefühl, allein für seine Existenz geschätzt und geliebt zu werden, ohne dafür erst etwas leisten zu müssen, braucht jeder Mensch. Kinder, die das von ihren Eltern bekommen, lieben ihre Eltern dafür und sind ihnen gegenüber loyal, trotz aller pubertärer Kämpfe, die im Laufe des Lebens noch kommen mögen. Am Ende kümmern sie sich auch aufopferungsvoll um ihre alten Eltern und begleiten sie bis zum Schluss.

Der Fanatiker findet ein solches Gefühl in der Gruppe, die er von nun an fanatisch vertritt. In der Politik haben die Nazis im Dritten Reich mit ähnlichen Mitteln gearbeitet, indem sie Menschen, die nach dem Ersten Weltkrieg und der Hyperinflation alles verloren hatten und sich von der Welt im Stich gelassen fühlten, das Gefühl gaben, sie wären einfach nur deshalb etwas Besonderes, weil sie Deutsche sind. Und allein deshalb hätten sie leiden müssen, aber nun stünde es ihnen auch zu, sich ihren gerechten Anteil am Leben zu holen. Es wurden Feindbilder geschaffen wie beispielsweise die gierigen Juden, die dem ehrbaren Deutschen alles wegnehmen. Auf ähnliche Weise funktionierten die Mechanismen im zaristischen Russland, als die Bolschewiki den verarmten Menschen das Gleiche erklärten, aber anstelle der Juden nahmen sie den Adel und die Großgrundbesitzer zum Feindbild. Selbst der religiöse Fundamentalismus funktioniert so. Wer in einem Asylbewerberheim als Kind aufwächst, womöglich noch ohne Eltern und von der Gesellschaft verachtet, ist empfänglich, wenn er Zuwendung durch religiöse Führer erfährt und man ihm erklärt, er sei einfach nur deshalb etwas Besonderes und allen anderen überlegen, weil er Muslim ist. Er werde von Gott geliebt und habe nun Gottes Auftrag zu erfüllen. Ähnliches funktioniert auch bei christlichen Gruppierungen oder radikalen jüdischen Siedlern. Die Religion oder die politische Ideologie sind austauschbar. Je nachdem, wer dem verunsicherten jungen Menschen als Erstes das Gefühl von Wärme, Liebe und Geborgenheit vermittelt, wird dessen Loyalität erhalten – und das unter Umständen bis in den Tod. Bei religiösen Gruppierungen ist die Loyalität bis in den Tod naturgemäß leichter zu erhalten, weil es bereits ein Paradies im Angebot gibt. Politische Parteien haben es da schwerer, auch wenn die Nazis bereits pseudoreligiöse Strukturen mit der Führerliebe etablierten, um die Opferbereitschaft des Volkes im Krieg zu fördern.

Der Fanatiker ist also jemand, der voller Wut auf die Welt ist, weil er sich ungeliebt fühlt. Nun bietet ihm jemand die Illusion von Liebe und Wertschätzung, aber tatsächlich wird der Fanatiker auch hier nur ausgenutzt, denn diese Organisationen legen Wert darauf, seine Aggressionen zu kanalisieren und für ihre Zwecke zu nutzen, seien es politische Schlägertruppen oder religiöse Selbstmordattentäter. Der Fanatiker ist deshalb meist nie selbst der Führer, sondern immer nur der treue Gefolgsmann, denn er braucht jemanden, den er verehren kann. Bei religiösen Fanatikern tritt oft Gott an diese Stelle, und das macht sie so gefährlich, da sie selbst nun entscheiden, wie sie ihrem obersten Führer gefallen, und der – da seine Existenz in der Wissenschaft nach wie vor umstritten ist – nicht persönlich eingreifen kann.

Der Moralapostel

In gewisser Weise ist der Moralapostel der gefährlichste von allen unangenehmen Zeitgenossen, weil er hochgradig manipulativ und nur schwer zu durchschauen ist. Er setzt seinen Willen durch, indem er ein hehres Ziel für seine Zwecke umdefiniert und in Geiselhaft nimmt. Damit stellt er eine Situation her, in der es dem Gegenüber nahezu unmöglich gemacht wird, das Ansinnen des Moralapostels abzulehnen, weil er sonst sofort selbst zum unmoralischen Bösewicht erklärt wird. Und da nahezu jeder Mensch zu den Guten gehören will, ist die schärfste Waffe des Moralapostels die Aktivierung des schlechten Gewissens seiner Mitmenschen.

Das Moralaposteltum ist weitverbreitet, weil es die effizienteste Weise ist, andere zu manipulieren. In einer Gesellschaft, in der jeder gern als moralisch integer und anständig gelten will, nutzt der Moralapostel diese guten Eigenschaften gnadenlos zum eigenen Vorteil aus.

Wir sind dem Moralapostel bereits als Elternteil des Miesepeters begegnet, der seinem Kind den Zoobesuch verleidet.

In der Politik ist der Moralapostel ebenfalls verbreitet. Er versucht, seine Ziele nicht mit Argumenten durchzusetzen, sondern mit moralischer Haltung und knackigen Slogans.

Moralapostel stechen dadurch hervor, dass sie schnelle, einfache Lösungen propagieren, wie ein Ziel zu erreichen wäre, wenn nur alle an einem Strang ziehen und ihm folgen würden. Anstatt sich damit auseinanderzusetzen, ob es tatsächlich gute Gründe gibt, die gegen die Vorschläge des

Moralapostels sprechen, werden Andersdenkende von ihm sofort zu unmoralischen, bösen Menschen erklärt, die der Gemeinschaft schaden. Davor macht übrigens keine politische Richtung halt. So paradox es klingt – einer der erfolgreichsten Moralapostel der Geschichte war ausgerechnet Adolf Hitler. Wenn wir uns die Anfänge von Hitler ansehen, landen wir unweigerlich beim Hitler-Ludendorff-Putsch am 9. November 1923 mit dem berühmten Marsch auf die Feldherrnhalle.

Der historische Hintergrund, der zu diesem Putschversuch führte, war folgender: Nach dem Ersten Weltkrieg war das Deutsche Reich zu hohen Reparationszahlungen durch den Friedensvertrag von Versailles verpflichtet worden. Als das Deutsche Reich aufgrund einer schlechten Wirtschaftslage mit den Zahlungen in Verzug geriet, besetzten Franzosen und Belgier im Januar 1923 das entmilitarisierte Ruhrgebiet und bedienten sich selbst, indem sie deutsche Fabriken und Bergwerke unter ihre eigene Verwaltung stellten, die Waren beschlagnahmten und nach Frankreich und Belgien brachten. Bei den Deutschen kam das nicht gut an, zumal es ein Bruch des Völkerrechts war, der auch von Amerikanern und Briten als solcher mit Worten verurteilt wurde. Allerdings fühlte sich keiner verpflichtet, irgendetwas dagegen zu tun. Die deutsche Regierung rief daraufhin den Generalstreik aus – kein deutscher Arbeiter sollte mehr in den Fabriken und Bergwerken arbeiten, wenn man ihnen ohnehin alles raubte. Gleichzeitig versprach die Regierung den Arbeitern, ihnen auch während des Streiks den Lohn zu zahlen. Nun hatte das Deutsche Reich aber zu wenig Geld, um zigtausend

Streikende über Monate hinweg zu finanzieren. Man hatte ja schon vorher zu wenig Geld gehabt, um die Reparationen zu bezahlen, weshalb es ja überhaupt erst zur Ruhrbesetzung gekommen war. Da die damaligen Politiker von Wirtschaft keine Ahnung hatten, glaubten sie, man könne das Problem lösen, wenn man einfach mehr Geld druckte. Das wiederum führte zur sogenannten Hyperinflation, denn wenn man einfach immer mehr Geld druckt, ohne dass es dafür einen garantierten Gegenwert in Gold oder sonstigen Ressourcen gibt, ist es nicht mal mehr das Papier wert, auf dem es gedruckt wird. Am Ende bekam man für einen US-Dollar mehr als vier Billionen (!) Reichsmark.

Nachdem es Neuwahlen gegeben hatte, wurde am 13. August 1923 mit Gustav Stresemann ein vernünftiger Politiker Reichskanzler. Stresemann strebte unter Einbeziehung Großbritanniens und der USA eine Einigung mit Frankreich und Belgien an, um die Ruhrbesetzung zu beenden und eine Währungsreform einzuleiten, da Millionen Deutsche durch die Hyperinflation vor dem Ruin standen. Als Stresemann deshalb im September 1923 den Generalstreik für beendet erklärte, um seinen guten Willen zu Verhandlungen zu zeigen, wurde er sofort zum Feindbild des Moralapostels Hitler. Wie könne Stresemann es bloß wagen, den Widerstand des deutschen Volkes gegen die unrechtmäßige Ruhrbesetzung zu beenden? Er verkaufe die Rechte des deutschen Volkes an die Franzosen, die nach wie vor das Ruhrgebiet besetzten, und sei – ebenso wie die ganze Regierung – ein Volksverräter.

Da es während der französischen Besatzung tatsächlich zu zahlreichen unbotmäßigen Übergriffen gegen Deutsche gekommen war, verfingen diese Slogans bei allen, die sich ungerecht behandelt fühlten. Wer mit den Besatzern verhandeln wolle, unterwerfe sich ihnen und mache sich mitschuldig am Elend der deutschen Bevölkerung.

Man erkennt hier also die Strategie – der Moralapostel Hitler erklärt: Wer verhandeln will, ist unmoralisch, weil er sich dem Feind unterwirft und ihm das Volk opfert. Dabei wird das Wort «Verhandeln» im gleichen Atemzug zur «Unterwerfung» umgewandelt. Wer verhandelt, verkauft die legitimen Rechte des Volkes an den Erbfeind und ist somit unmoralisch. Eine vernünftige Alternative zum Verhandeln blieb der Moralapostel Hitler schuldig – am liebsten wäre er mit Gewalt vorgegangen.

Und so scharten sich Hitler und ein paar Gleichgesinnte zusammen, um die Regierung zu stürzen. Da sie gerade in München waren, wollten sie erst mal mit der Bayrischen Regierung anfangen.

Der Putsch endete mit der Festnahme der Putschisten, und Hitler wurde zu fünf Jahren Festungshaft verurteilt. Weil man ihn aber für einen so anständigen, deutsch denkenden Menschen hielt (auch die Richter fielen auf die Slogans des Moralapostels Hitler rein), wurde er – der eigentlich Österreicher war – nach Verbüßung seiner Haft nicht als unerwünschter Ausländer ausgewiesen, wie es eigentlich dem Gesetz entsprochen hätte, sondern nach nur einem Jahr auf Bewährung entlassen. Er durfte sich fortan in Deutschland um den Vertrieb seines Buches *Mein Kampf* kümmern, das er während der Haft verfasst hatte, und seine Ideologie gleich mitverkaufen. Und die war natürlich von der moralischen Verpflichtung dem deutschen Volke gegenüber getragen. Knackige Slogans, wer die Schuld an all dem Elend trug, ließ er von ihm hörigen Missionaren wie Goebbels verbreiten und dann auch mithilfe der ihm hörigen Fanatiker von der SA und SS durchsetzen. Der Moralapostel Hitler gab einfache Antworten auf schwierige Fragen und hatte damit zunächst auch Erfolg. Er wurde Regierungschef, aber am Ende seiner Regierungszeit lag Deutschland buchstäblich in Trümmern, weil es nun mal keine einfachen Antworten auf komplexe Fragen gibt und man nicht alles im Leben mit Gewalt erreichen kann.

Moralapostel sind in der Politik immer dann am Stärksten, wenn sie in der Opposition sitzen, weil sie dann alles Mögliche fordern können, aber selbst nichts beweisen müssen. Wenn sie wirklich mal an die Macht kommen, neigen sie dazu, entweder Diktaturen zu gründen oder zu scheitern und ganz schnell wieder abgewählt zu werden, wenn es nicht noch ein paar vernünftige Realisten mit Einfluss in diesen Parteien gibt, die die Moralapostel in die Schranken weisen.

Der Moralapostel ist in der unangenehmsten Konstellation oft der Papst für die Missionare und der Gott für die Fanatiker. Er braucht seine Missionare, um an die Macht zu kommen, und die Fanatiker, damit er an der Macht bleibt.

Wenn wir uns die heutige Politik ansehen, finden wir die Strategien der Moralapostel in allen Parteien, allerdings überwiegend in der Opposition, weil sie ihre Ansprüche dort nur verkünden, aber nicht unter Beweis stellen müssen.

Moralapostel benötigen vor allem ein Feindbild, denn nur dann funktioniert ihre Strategie, das Gegenüber dazu zu bringen, sich selbst schlecht zu fühlen, wenn es mit diesem «Feind» gemeinsame Sache macht. Um mit dem Feind gemeinsame Sache zu machen, genügt es bereits, wenn man die Weltanschauung des Moralapostels nicht rückhaltlos und in jeder Konsequenz teilt.

Während rechtskonservative Parteien den Feind im Äußeren suchen, also durch die Zuwanderung und die EU, denen sie die Schuld am Untergang des Abendlandes geben, suchen linksökologisch orientierte Parteien den Feind im Inneren, indem sie allen, die nicht kompromisslos für Klimaschutz und das Recht auf Zuwanderung sind, die Schuld für den Untergang der ganzen Welt geben. Und da der Untergang der ganzen Welt natürlich schlimmer ist als nur der Untergang des Abendlandes, ist klar, dass sie als Moralapostel die besseren Karten haben.

Da die rechtskonservativen Parteien sich im Gegensatz zu den linksökologischen Parteien auch nie als besonders humanistische, tolerante und weltoffene Parteien darstellen, nehmen die meisten Menschen das Moralaposteltum der Rechtskonservativen sofort als das wahr, was es ist – nämlich als manipulative Propaganda. Beispiele dafür sind u.a. Diskussionen über das Recht auf Leben, das nur für ungeborene Kinder gilt, während geborene Kinder nur dann etwas wert sind, wenn sie die richtige Staatsangehörigkeit haben, und ansonsten als Bedrohung durch Überfremdung kolportiert werden, die man am besten sofort postwendend abschieben müsste – notfalls auch in Kriegsgebiete.

Bei den linksökologischen Parteien muss man es deutlich differenzierter betrachten. Diese Parteien fingen meist sehr idealistisch an, und ihre Mitglieder hielten sich selbst an das, was sie predigten. Sie wurden dafür zwar oft verlacht, aber auch respektiert. Mit der Zeit wurden diese Parteien jedoch immer mehr von Moralaposteln und Moralapostelinnen unterwandert, die entsprechende Slogans verbreiten und auch ganz schnell mit Verbotsforderungen als vermeintlich schneller Lösung bei der Hand sind. Deshalb ist es oft schwierig, auf Parteitagen zu unterscheiden, wer eine echte Idealistin und wer ein scheinheiliger Moralapostel ist. Die politischen Gegner nutzten nun deren Moralapostel, um die ganze Partei zu diskreditieren – und die Parteibasis tappt bereitwillig in diese Falle. Anstatt dem Moralapostel die Leviten zu lesen, bekommt der Moralapostel die ganze Unterstützung der Partei – es geht schließlich um ein hehres Ziel: entweder die Rettung des Abendlandes, falls man rechtskonservativ ist, oder gleich die Rettung der ganzen Welt, wenn man linksökologisch ist. Dass es dem Moralapostel viel weniger um die Rettung des Abendlandes oder gar der ganzen Welt als vielmehr die eigene Karriere geht, wird gern unter den Teppich gekehrt. Vor allem dann, wenn die Presse von politischen Fehltritten des Moralapostels Wind bekommt, die ganz im Gegensatz zu seinen edlen Worten stehen. Aber anstatt das Fehlverhalten des Moralapostels anzuprangern, wird lieber die Presse, die es aufgedeckt hat, entwertet. Das haben die Moralapostel aller Parteien gemein – sie schimpfen über die Berichterstattung der Presse, wenn sie ihnen nicht gefällt. Die Rechtskonservativen schimpfen über die Lügenpresse, die Linksökologischen über die rechtspopulistische Springerpresse. Die Moralapostel haben ihre Basis immer gut im Griff. Sie stellen sich gern selbst als Opfer einer bösen Pressekampagne dar, denn wer Opfer ist, hat ein Anrecht auf Schutz und Trost. Wer ein Opfer kritisiert, ist ein böser Mensch und nicht besser als der Verbrecher, der das Opfer überhaupt zum Opfer machte. Aufgrund der Omnipräsenz der sozialen Netzwerke fällt nun allerdings vielen Wählern auf, dass die Moralapostel für sich selbst eigene Regeln machen, die mit dem, was sie von anderen fordern, nicht mehr viel gemein haben. Deshalb ist die Stärke der Moralapostel zugleich ihre größte Schwäche. Ihre Scheinheiligkeit bringt sie oft nach ganz oben, aber sie sorgt unter Umständen auch ganz schnell für ihren tiefen Fall, denn die Wähler erwarten, dass Politiker, die von ihnen Opfer verlangen, selbst mit gutem Beispiel vorangehen.

Genau aus diesem Grund werden Politiker im Wahlkampf so genau unter die Lupe genommen. Bei der Suche nach dem Fehlverhalten und der Art, wie mit dem entdeckten Fehler umgegangen wird, kann man den Moralapostel enttarnen. Dabei muss man aber schnell sein, ehe der Moralapostel eine zu große Fanbasis von Missionaren und Fanatikern in Schlüsselpositionen um sich geschart hat und damit dann unantastbar wird.

Je länger eine Partei in der Regierungsverantwortung ist, umso mehr verschwindet das Moralaposteltum als Erfolg versprechende Strategie unter Spitzenpolitikern, weil sie dann schon so etabliert sind, dass man alle ihre Schwächen kennt. Es ist für ihre Wahlkampfaussichten besser, nicht zu sehr zu moralisieren, weil man ihnen das sowieso nicht mehr glaubt. Für Parteien in Regierungsverantwortung ist es viel einfacher, mit dem Finger auf die Moralapostel in der Opposition zu zeigen und zu erklären, warum der Moralapostel es nicht besser machen kann. Allerdings muss man damit vorsichtig sein, denn in der Geschichte ging diese Strategie schon mal nach hinten los, als die SPD in den späten 1920er- und frühen 1930er-Jahren immer nur erklärte, warum man Hitler nicht wählen sollte, und darüber hinweg vergaß, ihre eigenen Errungenschaften in den Fokus zu stellen. Wer weiß heute noch, dass gar nicht Adolf Hitler den Bau der Autobahnen geplant hatte, sondern dass der Bau der Autobahnen noch als Arbeitsbeschaffungsmaßnahme von der Vorgängerregierung in die Wege geleitet wurde und Konrad Adenauer 1931 als Bürgermeister von Köln den ersten Spatenstich für eine Autobahn machte? Die Propaganda der Nazis war so gut, dass die Wahrheit so sehr in Vergessenheit geriet, dass viele Leute alten Nazis, die lobten, Hitler habe die Autobahnen gebaut, damit kamen, er habe die nur gebaut, um Krieg zu machen. Nein – die richtige Antwort hätte gelautet, dass die Nazis zu gar nichts gut waren und noch nicht mal den Bau der Autobahn geplant, sondern die Idee von der Vorgänger-Regierung geklaut hatten, die sie nicht mehr rechtzeitig umsetzen konnte. Aber die toxische Mischung aus Moralapostel-Führer, Missionaren wie Goebbels und Fanatikern wie Himmler hat derartige Mythen ganz lange aufrechterhalten. Natürlich beschränken sich Moralapostel nicht auf die Politik. Man findet sie auch in religiösen Gemeinschaften. Dort haben sie sogar ihren Ursprung, denn jeder kennt scheinheilige Gläubige, die nach außen hin edel und fromm tun und im Privatleben die Sau rauslassen, weil sie durch ihre aufgesetzte Frömmigkeit nur Macht über andere erringen wollen, aber nicht bereit sind, ihren hohen moralischen Ansprüchen selbst gerecht zu werden.

Aber wie wird jemand zu einem Moralapostel? Bei vielen überzeugten Moralaposteln ist es quasi ererbt. Das Moralaposteltum wird von den Eltern an die Kinder weitergegeben. Wenn die Eltern Moralapostel sind, dann ist die Wahrscheinlichkeit groß, dass ihre Kinder entweder Miesepeter oder selbst Moralapostel werden. Ob man nun Miesepeter oder Moralapostel wird, hängt von der Gutgläubigkeit und Ehrlichkeit ab. Das gutgläubige, ehrliche Kind durchschaut die Tricks seiner Moralapostel-Eltern nicht und wird zum Miesepeter. Aber ein cleveres Kind, das die Scheinheiligkeit durchschaut, erkennt recht schnell die Vorteile, die das Verhalten seiner Eltern mit sich bringt. Und so fängt es an, selbst zu manipulieren, um seine Ziele zu erreichen. Hemmungen hat es nicht, denn die Eltern leben ihm ja vor, dass moralisierende Lügen vollkommen in Ordnung sind. Bleiben wir mal beim Beispiel des Zoobesuchs. Der Miesepeter akzeptiert die Argumentation der Eltern und fühlt sich schlecht – er ist schuld daran, dass die Tiere eingesperrt sind, wenn er in den Zoo geht.

Der künftige Moralapostel möchte aber trotzdem in den Zoo, weil er weiß, dass die Tiere sowieso in ihren Käfigen sind, egal ob er nun in den Zoo geht oder nicht. Das kann er seinen Moralapostel-Eltern natürlich nicht sagen. Also sucht er nach Argumenten, die für den Zoo sprechen – sei es die Arterhaltung oder aber eine wichtige Schulaufgabe, beispielsweise ein Referat über die Unmenschlichkeit von Zoos, das man aber nur überzeugend halten kann, wenn man sich selbst ein Bild davon gemacht hat.

Nun sind die Moralapostel-Eltern in der Zwickmühle. Das Kind vertritt ja ihre Ansichten und will gefällig sein – sogar über das geforderte Maß hinaus. Kann man ihm wirklich den Zoobesuch verweigern? Vor allem, wenn das Kind dann seinen Eltern die Schuld für die schlechte Zensur gibt, die es bei unzureichender Vorbereitung bekäme? Und was ist, wenn sie ihrem Kind nun wegen dieses einen Zoobesuchs die ganze Zukunft verbauen?

Wenn Moralapostel diskutieren, geht es niemals um echte Inhalte, sondern jeder versucht, die höherwertige Moral ins Feld zu führen. Wessen Opfer ist schlimmer? Wer leidet mehr? Der eigentliche Konflikt – das Kind wollte in den Zoo, und die Eltern hatten keine Lust dazu – wird nun auf einer moralischen Metaebene ausgetragen. Da es verwerflich ist, nach dem Lustprinzip zu handeln – egal ob man Lust zum Zoobesuch hat oder eben keine Lust, mit dem Kind dahin zu gehen –, muss man Geschichten erfinden, um die eigenen Bedürfnisse zu tarnen und dennoch durchzusetzen. Auf diese Weise lernt der Moralapostel schon früh, dass ehrliche, inhaltliche Diskussionen nichts bringen, sondern nur die elegante, moralische Verpackung eigener Interessen zum Ziel führt.

Wer als Kind bereits gegen Moralapostel-Eltern bestanden hat, der wird von dieser Strategie nicht ablassen und kann es damit in unserer Gesellschaft bis nach ganz oben bringen.

Nicht Inhalte zählen, sondern die moralische Haltung. Und wer die Moral am überzeugendsten vermittelt, gewinnt das Spiel. Der Preis ist die Erfüllung der Primärbedürfnisse, die man offiziell gar nicht haben darf, weil sie ja unmoralisch sind.

Natürlich kann man sich auch im späteren Erwachsenenalter ganz bewusst die Strategien des Moralapostels zu eigen machen, um Menschen zu manipulieren. Wer bewusst und voller Berechnung als Moralapostel agiert, ist hervorragend in jenen Bereichen des alltäglichen Lebens aufgehoben, wo man sein Geld mit Manipulation verdient – in der Politik ebenso wie im Marketing und in der Werbebranche, als Influencerin, aber auch als religiöser Führer oder aber Gebrauchtwagenhändler (allerdings laufen am besten E-Autos mit dieser Masche, bei Dieselfahrzeugen wäre ein Missionar der erfolgreichere Verkäufer). Im schlimmsten Fall endet der Moralapostel als Hochstapler und Betrüger im großen Stil. Aber dann hat er immer noch die Chance, sich vor Gericht rauszureden, indem er sich eine Anwältin nimmt, die ebenfalls Moralapostelin ist und den Hochstapler als Opfer der Umstände darstellt, weil er eine schwere Kindheit oder ähnliche traumatische Erlebnisse in seiner Biografie hatte. Problematisch wird es nur dann, wenn der Staatsanwalt ebenfalls ein Moralapostel ist. Dann wird es spannend, das Duell der jeweiligen Moralvorstellungen in den Plädoyers zu verfolgen, wenn es nicht mehr um das Recht selbst geht, sondern die Haltung. Moralapostel sind also die geborenen Manipulatoren und scheinheilige Zeitgenossen allererster Güte. Und genau das macht sie so gefährlich, weil sie die größten Feinde wirklicher Idealisten sind, mit denen man sie bei oberflächlichem Hinsehen nur allzu leicht verwechseln kann.

Im Alltag findet man den Moralapostel vor allem dann, wenn er seine Meinung durch seine höhere Moral durchdrücken will und für alles Ausreden hat.

Stellen wir uns mal vor, wir arbeiten als Sachbearbeiterin in einer Behörde, die für die Bewilligung von Sozialleistungen zuständig ist. Natürlich ist es wichtig zu überprüfen, ob der Antragsteller wirklich berechtigt ist, weil selbst der Staat keine unbegrenzten Mittel zur Verfügung hat. Und dass das mit dem Unbegrenzt-Geld-Nachdrucken Probleme mit sich bringt, wissen die Deutschen spätestens seit 1923.

Ein fauler Moralapostel, der keine Lust hat, sich im Büro totzuarbeiten, wird nun einfach alle Anträge bewilligen. Denn was man bewilligt, ist vom Tisch, Widersprüche sind nur bei Ablehnungsbescheiden zu befürchten. Wenn man den Kollegen darauf hinweist, dass das nicht der Sinn der Sache ist, wird er selbstverständlich sofort mit der Moral kommen. Das seien doch alles arme Leute, und wer noch ein Herz in der Brust habe, müsse es doch bewilligen. Tatsächlich interessieren ihn die armen Leute aber nicht die Bohne. Wenn es weniger Arbeit macht, alles abzulehnen, weil sich die Kolleginnen mit den Widersprüchen befassen müssten, wird der Moralapostel alles ablehnen – mit der Begründung, dass man sehr genau prüfen müsse, ob wirklich ein Anspruch bestünde, weil man dem Staat gegenüber eine moralische Verpflichtung habe – schließlich sind ja nur begrenzte Mittel vorhanden.

Beim Moralapostel mögen die Aussagen auf den ersten Blick richtig klingen, das Problem besteht darin, dass es lediglich Vorwände sind, um eigene Interessen oder die eigene Faulheit zu kaschieren. Deshalb lohnt es sich stets, genau hinzuschauen, um einen Moralapostel von einem echten Idealisten zu unterscheiden.

Der Mitläufer

Der Mitläufer ist der häufigste Typus, dem man im Alltag begegnet. Nach außen hin ist er eigentlich recht angenehm, weil er nie auffällt. Er sagt zu allem Ja und Amen, macht seine Arbeit und will einfach nur seine Ruhe haben. So scheint es zumindest.

Sein größtes Problem ist die mangelnde Loyalität. Solange der Mitläufer einen Vorteil davon hat, läuft er eben mit. Wenn sich das ändert, ist er blitzschnell dabei, seine Meinung den neuen Gegebenheiten anzupassen.

Am bekanntesten ist der Begriff des Mitläufers in Zusammenhang mit der Zeit des Nationalsozialismus, wo er sogar als eine Kategorie in der Entnazifizierung geprägt wurde. Mitläufer waren keine Täter, aber sie profitierten vom System. Sie traten in die Partei ein und zahlten brav ihren Beitrag, weil sie sich Vorteile davon versprachen (oder zumindest keine Nachteile). In der ehemaligen DDR entwickelte sich aus dem Mitläufer nach der Wende der Wendehals, der offensiv behauptete, er sei schon immer dagegen gewesen, obwohl alle wussten, dass er lügt. Das störte den Wendehals aber nicht, er stellte das nun als einen Läuterungsprozess dar, für den man ihn eigentlich bewundern sollte.

In unserer heutigen Demokratie, einer Gesellschaft großer Individualität, sind die Mitläufer wesentlich unauffälliger. Aber ein Mitläufer sollte auf keinen Fall unterschätzt werden, wenn er sich von Missionaren, die im Auftrag eines Moralapostels arbeiten, beeinflussen lässt. Der Mitläufer eignet sich ideal für die Teilnahme an politisch motivierten Massenkundgebungen oder Demos aller Art. Wenn er auf den richtigen Missionar trifft, wird er zum willigen Gefolgsmann oder zur radikalen Gefolgsfrau. Dann kann man ihn sowohl auf Querdenker-Demos, bei Pegida, aber auch bei Fridays for Future oder Black Lives Matter treffen. Natürlich nicht ein und denselben Mitläufer, denn der Mitläufer sucht sich immer die Gruppe zum Mitlaufen, von der er sich persönlich die meisten Vorteile verspricht. Wenn der Mitläufer nun Angst vor einer Impfung hat, ist er das ideale Opfer für die Missionare der Corona-Impfgegner. Er geht dann gern mit auf Querdenker-Demos, weil er darin seinen Vorteil sieht – er will mit allen Mitteln Nachteile für Ungeimpfte verhindern. Sollte er zuerst allerdings auf einen überzeugenden Missionar der Impfbefürworter treffen und der ihn tatsächlich vom Nutzen einer Impfung überzeugen und die Angst nehmen, dann wird der Mitläufer, der eben noch für die Rechte Ungeimpfter demonstrierte, kein Problem mehr mit der 2G-Regelung haben (nur für Geimpfte und Genesene) – er wird sie dann sogar selbst propagieren, weil es ihm persönlich nun Vorteile bringt, mehr Rechte als andere zu haben. Ist ja auch viel schöner, wenn die Hälfte der Bevölkerung nicht ins Kino kann und man dann einfach mehr Platz für sich selbst hat. Die Sorge vor der Erkrankung oder der Wunsch nach einer Herdenimmunität ist für ihn zweitrangig – es geht ihm vor allem um Vorteile durch die Impfung im gesellschaftlichen Leben.

Ein Mitläufer, der in einem Bundesland lebt, wo es viele Anhänger von Pegida gibt, wird der netten Geselligkeit wegen selbstverständlich mit der großen Mehrheit vor Ort mitlaufen. Lebt er in einem Ort, wo man für Black Lives Matter auf die Straße geht, und bringt es ihm Vorteile, bei so einer Demo gesehen zu werden, geht er selbstverständlich auch hier auf die Straße. Das Thema, für das demonstriert wird, ist nebensächlich, entscheidender ist der persönliche Gewinn, den die Teilnahme bringt. Dieser Gewinn kann das Gruppenerlebnis sein oder einfach das Gefühl, man wäre wichtig, weil man seine Stimme erhebt und sich nicht alles gefallen lässt. Wenn ein Schulkind von seinen Lehrerinnen hört, dass es toll ist, wenn sich junge Leute bei Fridays for Future betätigen, wird das Mitläuferkind selbstverständlich zum freitäglichen Schulstreik gehen – das bringt ihm schließlich Ansehen bei Lehrerinnen und Erwachsenen, weil es toll ist, wenn sich die Jugend engagiert. Dass die Sache selbst verhältnismäßig irrelevant ist, zeigen jene Mitläufer, die im Anschluss an Fridays for Future ihren Müll liegen lassen. Diese Art der Mitläufer bringt der Organisation von Fridays for Future zwar einerseits Vorteile, weil sie zeigen, wie viele Menschen sie mobilisieren können, und das sind dann tolle Bilder für die Presse, aber andererseits auch Nachteile, wenn die sich eben nicht wirklich so verhalten, wie man es von einem überzeugten Klimaschützer erwartet. Da wird dann ganz schnell von den Gegnern die Moralapostel-Karte gezogen. Dabei waren es vor allem die Mitläufer, die den Ärger machten.

Da es dem Mitläufer nur darum geht, möglichst leicht durchs Leben zu kommen, kann man sich auf ihn nicht dauerhaft verlassen. Sobald es eine Krise gibt oder etwas schwierig wird, verdrückt er sich und will niemals etwas damit zu tun gehabt haben. Sollten bei einer Demo Wasserwerfer der Polizei anrücken, ist der Mitläufer als einer der Ersten verschwunden, schließlich will er nicht nass werden.

Aber wie wird man nun zum Mitläufer? Und haben Mitläufer überhaupt eine eigene Meinung, wenn sie die so schnell wechseln können?

Der Mitläufer hat irgendwann in seiner Biografie die Erfahrung gemacht, dass es ihm nur Ärger bringt, wenn er sich für andere einsetzt, und dass man sich auf niemanden verlassen kann. Wenn die Eltern selbst schon Mitläufer waren, haben sie ihrem Kind genau dieses Verhalten von klein auf vermittelt. Sieh zu, dass du immer gut klarkommst, setz dich nicht für andere ein – außer es bringt dir persönlich Vorteile –, weil sich auch niemand für dich einsetzt. Wenn du nicht für dich selbst sorgst, stehst du am Ende allein da.

Möglicherweise hat das Kind in der Pubertät versucht, dagegen zu rebellieren, und sich tatsächlich für andere engagiert. Je nachdem, welche Erfahrungen es machte, wurde sein künftiges Verhalten geformt. Wer gute Freunde fand und erleben konnte, dass man füreinander einsteht und sich loyal aufeinander verlassen kann, der wird immer wieder versuchen, Loyalität zu finden, indem er selbst loyal ist. Wer aber in Kreise geriet, wo sich jeder selbst der Nächste war, ist nicht in der Lage, tiefe Freundschaften zu schließen, sondern er geht Zweckbündnisse mit anderen ein. Die dauern dann so lange an, wie man gegenseitig Vorteile davon hat.

Wenn die Vorteile weniger werden, schlafen diese Beziehungen ein, aber man geht nicht im Streit, sondern könnte sie später noch mal reaktivieren. Die Vorteile sind vielfältig. Manch einer will nicht allein sein, sondern mit Freunden ins Kino gehen – und solange man sich für die gleichen Filme interessiert, klappt es. Wenn sich der Filmgeschmack ändert und man sonst keine gemeinsamen Hobbys hatte, ist die Mitläuferfreundschaft vorbei. Eine tiefe emotionale Bindung zu anderen findet man bei Mitläufern allenfalls in der engsten Kernfamilie. Mitläufer haben viele Bekannte, aber keine echten Freunde. Zwar reden sie von ihren Freunden, aber spätestens seit Facebook weiß man ja, wie inflationär der Begriff «Freund» heute gebraucht wird.

Der Mitläufer kann also ein angenehmer Zeitgenosse sein, wenn man mit ihm dieselben Hobbys teilt. Aber er gehört zu denen, die sich aus dem Staub machen, sobald es Schwierigkeiten gibt, denn er hat nie gelernt, welchen Gewinn man daraus ziehen kann, wenn man gemeinsam harte Zeiten durchsteht und überwindet. Natürlich kann der Mitläufer auch in schlechten Zeiten in einer Zweckgemeinschaft hilfreich sein, aber er wird immer sehr genau darauf achten, dass er keinesfalls mehr gibt, als er selbst dabei herausbekommt. Freundschaftsdienste als Vorschuss betrachtet er mit großer Skepsis – er könnte dabei ja ausgebeutet werden.

Tief in seiner Seele ist der Mitläufer also sehr unsicher und hat nie gelernt, voll und ganz zu vertrauen. Deshalb ist er im Zweifelsfall immer auf dem Sprung, wenn sich die Zeiten ändern, damit er bloß nie in Schwierigkeiten kommt.

Der Nestbeschmutzer

Der Begriff des Nestbeschmutzers wurde ursprünglich geprägt, um Menschen zu diskreditieren, die aus berechtigten Gründen unangenehme Wahrheiten ansprechen, die der eigenen Familie oder der eigenen Nation peinlich sind. Derartige Menschen sind allerdings nicht das, was hier mit dem Begriff des Nestbeschmutzers bezeichnet wird, denn jene Menschen haben das Nest ja gar nicht beschmutzt, sondern den Dreck, den andere hinterlassen haben, benannt, damit man ihn dann entfernen konnte. Sie waren also eher das Gegenteil, nämlich Nestreiniger.

Der Nestbeschmutzer unserer Tage ist ein verzerrtes Abbild, denn ihm geht es nicht darum, den Dreck zu benennen, um aufzuräumen. Er will persönliche Vorteile haben. Der Nestbeschmutzer generiert sich gern selbst als moralisches Opfer und schafft es dabei auch noch, aus seinen eigenen Täteranteilen Profit zu ziehen, indem er anderen den geläuterten Menschen vorspielt, wenn er sich selbst mal etwas zuschulden kommen ließ. Er zeigt dabei jedoch fast immer gleichzeitig mit dem Finger auf andere aus seiner Peergroup, die ja viel schlimmer gewesen wären. Für Leute wie den Nestbeschmutzer wurde ursprünglich die Kronzeugenregelung erfunden – wer gegen seine eigenen Leute aussagt, bekommt dafür bei Mittäterschaft Strafverschonung. Um Reue geht es dabei nicht, sondern um einen ganz handfesten Vorteil.

Solche Nestbeschmutzer lernen wir schon im Kindergarten zu hassen. Das sind die Kinder, die nicht nur petzten, sondern sich auch gern als verlängerter Arm der Kindergärtnerin aufspielen. Wenn die Erzieherin sagt, es sei doch alles so unordentlich, dann sagt der Nestbeschmutzer brav Ja und dass es ihn selbst tieftraurig mache, dass die anderen sich nicht an das halten würden, was die liebe Kindergärtnerin sage. Der Nestbeschmutzer kann sich also nicht komplett von der Gruppe lösen, weil er ein Teil von ihr ist, aber er kann schlecht über die anderen reden und sich reuig geben. Da die anderen Mitglieder der Gruppe den Nestbeschmutzer gut kennen, durchschauen sie die Lüge sofort und hassen ihn wie die Pest. Das Kindergartenkind in unserem Fall muss sich also nicht wundern, wenn es daraufhin im besten Fall ausgegrenzt und im schlimmsten Fall verprügelt wird. Aber sollte es nun Opfer von Gewalt werden, ist das wieder ein Pluspunkt – denn die Kindergärtnerin wird den kleinen Nestbeschmutzer trösten und gegen die anderen bösen Kinder verteidigen. Und schon ist der Nestbeschmutzer ihr Liebling, bekommt viel Aufmerksamkeit, und die anderen Kinder trauen sich nicht mehr, ihn weiter zu verprügeln.

Das Sprichwort «mitgefangen, mitgehangen» gilt für Nestbeschmutzer nicht. Loyalität ist für sie ein noch größeres Fremdwort als für den Mitläufer, der im Zweifelsfall schon mal mitgehängt wird, wenn er sich nicht schnell genug verdrücken konnte. Der Nestbeschmutzer hingegen flieht nicht, er geht in die Offensive und wendet sich gegen seine eigene Familie, etwas, das der Mitläufer nicht tut – der würde sich lieber klammheimlich aus dem Staub machen und gar nichts sagen.

Nestbeschmutzer ziehen auch in Situationen, in denen sie selbst gar nicht betroffen sind, Vorteile daraus, Angehörige ihrer eigenen Familie, Nation, religiösen Gruppe oder politischen Partei schlechtzumachen. Sie wollen sich dadurch als modern und progressiv abgrenzen oder aber als große Mahner in die Geschichte eingehen, die schon rechtzeitig durchschaut haben, was kommt.

In der Politik sind Nestbeschmutzer weitverbreitet. Wer immer in seiner eigenen Partei nicht mehr klarkommt und ihr programmatisch nicht mehr folgen kann, aber zugleich nicht willens ist, woanders einzutreten, weil er sich dort erst wieder ganz nach oben arbeiten müsste, wählt den Weg des Nestbeschmutzens, indem er sich als «Kritiker» darstellt, um dann sämtliche schmutzige Wäsche, die jemals intern gewaschen wurde, an die Öffentlichkeit zu zerren. Aber auch hier muss man aufpassen, denn man darf den Nestbeschmutzer auf keinen Fall mit jemandem verwechseln, der einem Moralapostel die Maske vom Gesicht reißen will. Moralapostel versuchen deshalb immer gern, Kritiker als Nestbeschmutzer darzustellen.

Man kann einen Nestbeschmutzer von einem legitimen Kritiker oder «Nestreiniger», der den Dreck zu Recht anspricht, um ihn zu entsorgen und aufzuräumen, unterscheiden, indem man sich anschaut, was auf welche Weise kritisiert wird.

Jemand, der Verbrechen innerhalb seiner Gruppe aufdeckt, seien es Missbrauchsskandale unter Kirchenführern, Bestechungen unter Politikern oder frei erfundene Reportagen in einem renommierten Nachrichtenmagazin, ist kein Nestbeschmutzer, auch wenn manche der ertappten Personen es so aussehen lassen wollen, weil er ihre Schandtaten bekannt macht. Aber der Schmutz wurde tatsächlich von den Tätern aufgewirbelt, und die Tatsache, dass man mit dem Finger auf ihren Dreck zeigt, macht sie nicht dreckiger, als sie ohnehin schon sind.

Ein echter Nestbeschmutzer ist jemand, der sich über Banalitäten echauffiert, die keinen Straftatbestand erfüllen, aber dazu geeignet sind, andere moralisch zu diskreditieren, um ihre Karrieren zu vernichten und dann selbst an ihre Stelle zu treten.

Am besten eignet sich der Vorwurf des Sexismus oder des Rassismus dafür. Gerade bei diesen beiden Themen werden die Menschen sehr schnell hellhörig. Wenn man keine direkten Taten benennen kann, gibt es immer noch den strukturellen Sexismus oder Rassismus, auf den man sich berufen kann, um einen Gegner fertigzumachen.

Stellen wir uns mal vor, ein junger Mann verliebt sich auf der Arbeit in eine Kollegin. Noch vor zwanzig Jahren war es völlig in Ordnung, ihr Komplimente zu machen und sie zum Kaffee in der Mittagspause einzuladen. In unserer heutigen Zeit ist das jedoch sehr riskant geworden, denn einer Frau Komplimente zu machen – und das auch noch am Arbeitsplatz –, bringt einen Mann schnell in den Ruch, sexistisch zu sein. «Das Kleid, das Sie heute tragen, ist wirklich schick», ist eine ideale Vorlage für einen Nestbeschmutzer, der zufällig Zeuge dieser Szene wird. Er wird dann bei einer der nächsten Teambesprechungen anführen, dass er sich zurzeit sehr unwohl am Arbeitsplatz fühle.

«Ich weiß, ich als Mann kann mir ja nicht mal im Ansatz vorstellen, wie schrecklich es für eine Frau ist, wenn sie als Sexobjekt betrachtet wird. Umso wichtiger ist es mir, dieses Thema heute anzusprechen. Mir ist in der Vergangenheit wiederholt aufgefallen, dass wir hier im Büro ein Problem mit malignem Sexismus haben. Frauen werden hier ständig auf ihr Äußeres beschränkt. Das kann ich so nicht mehr mittragen, denn das zerstört unser eigentlich so positives Arbeitsklima.»

Wenn die Chefin nun fragt, ob der Nestbeschmutzer ein Beispiel nennen möchte, wird er erwidern: «Ich möchte hier niemandem zu nahe treten, aber die betroffenen Personen wissen schon, wer gemeint ist.» Dabei wird er dem Kollegen, der das hübsche Kleid gelobt hat, einen kurzen, schnellen Seitenblick zuwerfen. Aber immer noch lang genug, damit jeder weiß, wen er meinte.

Der Betroffene wird das oft gar nicht merken, weil er sich ja keines Sexismus bewusst ist. Aber sollte er es merken und fragen, was damit gemeint ist, wird der Nestbeschmutzer erwidern: «Ich wollte ja keine Namen nennen, aber wenn Sie mich jetzt so direkt fragen. Ihr Verhalten der Kollegin Maier gegenüber war doch mehr als unangemessen.»

Wenn die Kollegin Maier nun einwendet, dass ihr kein solches Verhalten aufgefallen sei, wird der Nestbeschmutzer anführen: «Da sieht man, wie weit das mit dem Sexismus hier schon gekommen ist. Selbst die Opfer bemerken es nicht mal mehr. Wir müssen hier schleunigst etwas tun, um das Problem durch mehr Achtsamkeit zu lösen.» Und dann wird er vorschlagen, über den Betriebsrat ein paar Fortbildungen zu organisieren, wie man lernt, achtsam miteinander umzugehen.

Da der achtsame Umgang miteinander nie verkehrt ist, wird er dafür von der Chefin gelobt, die seine Einfühlsamkeit als besonders bemerkenswert für einen Mann betont. Es sei eine Wohltat, dass gerade ein Mann so genau hinschaue.

Das Gleiche funktioniert beim Rassismus, dort kann unter Umständen schon die freundliche Frage an den Kollegen mit Migrationshintergrund, woher seine Familie ursprünglich stamme, dazu genutzt werden, ein großes Rassismusproblem in der Firma auszumachen. Und der mutige weiße Mann oder die mutige weiße Frau, die sich nicht scheuen, dieses Thema anzusprechen und sich selbst gleichzeitig nicht auszunehmen, auch schon mal so rassistisch gewesen zu sein, einen Menschen mit dunkler Hautfarbe nach der Heimat seiner Vorfahren befragt zu haben, werden als besonders sensible und wertvolle Menschen wahrgenommen. Bei der nächsten Beförderung werden sie mit Sicherheit besonders beachtet.

Dass sie damit unter Umständen das ganze Betriebsklima vergiften, weil sich keiner mehr traut, mit seinem Gegenüber Small Talk zu betreiben, aus Furcht, als rassistischer Sexist gebrandmarkt zu werden, wird vom Nestbeschmutzer nicht nur billigend in Kauf genommen, sondern ist durchaus so gewollt. Wenn sich die Leute alle gegenseitig mit Misstrauen begegnen, können sie sich nicht gegen ihn verbünden und ihn daran hindern, weiterhin auf ihre Kosten Karriere zu machen. Denn sonst könnten ja womöglich noch Frauen oder Menschen mit Migrationshintergrund auf die Idee kommen, mit dem weißen Mann auf eine Stufe gestellt zu werden, der hier so empathisch für ihre Rechte eintritt. Und das geht natürlich gar nicht. Schließlich ist er, weil er die Probleme aller erkennt und offen anspricht, ja der ideale spätere Vorgesetzte, während die Frauen und die PoC in der Firma nicht mal merken, wie sehr sie hier sexistisch oder rassistisch attackiert werden. Am meisten freut sich der Nestbeschmutzer, wenn er zufällig hören sollte, wie ein anderer weißer Mann, der mit ihm um eine Führungsposition konkurriert, die Kollegin aus Ghana, die gerade ein schickes Kleid aus dem Urlaub mitgebracht hat, fragen würde: «Das Kleid sieht ja toll aus. Haben Sie das gekauft, als Sie Ihre Familie besucht haben?»

Daraus kann er nämlich hervorragend Sexismus und Rassismus zugleich stricken und den Kollegen, der diese unverschämte Frage stellte, gleich als alten weißen Mann, der vollständig von sexistisch-kolonialem Gedankengut durchdrungen ist, fertigmachen.

Das Tragische dabei ist, dass sowohl der echte Sexismus als auch der echte Rassismus durch derartige Verhaltensweisen völlig aus dem Auge verloren werden. Der Nestbeschmutzer baut zum Schaden wirklich diskriminierter Menschen

Nebenkriegsschauplätze auf, die allen zeigen sollen, wie moralisch integer er ist, damit er Vorteile hat. Falls der Nestbeschmutzer noch einen Chef hat, der Moralapostel ist und weiß, dass unser Nestbeschmutzer niemals eine echte Konkurrenz für ihn selbst werden könnte, aber verhindert, dass sich Arbeiter solidarisieren, wird er ihm massive Unterstützung gewähren. Man gibt sich als antisexistisch, antirassistisch und moralisch unangreifbar, um in Wahrheit die Mitarbeiter einzuschüchtern und zu unterdrücken.

Aber da die Mitarbeiter nicht dumm sind, werden sie das irgendwann merken und die Doppelmoral durchschauen. Im besten Fall suchen sie sich eine neue Arbeit mit einem besseren Betriebsklima, im schlimmsten Fall gehen sie rechten Rattenfängern auf den Leim, weil sie durch ihre negativen Erfahrungen glauben, jede Form von Sexismus und Rassismus sei nur ein Mittel, um sie zu unterdrücken, und es gebe gar keinen echten Sexismus oder Rassismus. Der Nestbeschmutzer trägt somit einen großen Anteil zur Spaltung der Gesellschaft bei, weil er das System «teile und herrsche» nutzt, aber dadurch unangreifbar wird, indem er sich selbst als moralisch geläuterten Menschen darstellt, obwohl er der «Täterrasse» oder dem «Tätergeschlecht» entspringt. Dass er dabei dann selbst wieder sexistisch oder rassistisch handelt, indem er anderen Leuten erklären will, ab wann sie sich sexistisch oder rassistisch unterdrückt fühlen müssen, blendet er aus. Dafür ist in seiner eigenen Moralvorstellung kein Platz. Natürlich kann man Nestbeschmutzer auch unter Menschen mit Migrationshintergrund finden. Das sind oft jene, die sich über die Sitten ihrer Landsleute aufregen, von wegen, dass die sich nicht richtig integrieren und das Gastland voller Undankbarkeit missachten. Mit solchen knackigen Sprüchen kann dann auch ein PoC Karriere bei rechtskonservativen Parteien machen und bietet ihnen die Möglichkeit, sich als weltoffen darzustellen. Er muss sich nicht mit den PoC bei linksökologischen Parteien um seinen Status streiten, sondern wird hier als Einzelperson hofiert und gewinnt Einfluss.

Falls jemand anfängt, seine eigene Gruppe schlechtzureden und zu erklären, warum er doch so viel besser sei, ist immer Vorsicht geboten – die Wahrscheinlichkeit, einen Nestbeschmutzer vor sich zu haben, ist sehr groß.

Aber warum wird jemand nun zum Nestbeschmutzer? Viele Menschen haben bereits als Kinder die Erfahrung gemacht, dass sie positive Aufmerksamkeit von den Erwachsenen bekommen, wenn sie sich von den «ungezogenen Kindern» abgrenzen. Sie können nicht verhindern, dass die Erwachsenen über ungezogene Kinder schimpfen, aber sie können verhindern, dass die Erwachsenen sie selbst miteinbeziehen, wenn sie selbst von sich aus über die anderen ungezogenen Kinder schimpfen und sie schlechtmachen. Der Nestbeschmutzer arbeitet mit dem Mechanismus der Entwertung. Er entwertet andere Menschen aus seiner Peergroup, um sich damit selbst aufzuwerten. Es ist letztendlich immer leichter, andere schlechtzumachen, um sich selbst besser darzustellen, als durch bessere Leistungen hervorzustechen. Wenn die üble Nachrede effizienter ist als fleißiges Arbeiten, sind viele Menschen versucht, sich auf diese Weise Vorteile zu verschaffen.

Und die Gesellschaft macht es dem Nestbeschmutzer auch sehr leicht, da Denunziantentum in vielen Bereichen des alltäglichen Lebens gefördert wird, sofern man es für die «moralisch richtige Sache» einsetzt. Konnte man vor fünfzig Jahren noch damit punkten, wenn man jemanden aus seinem Umfeld als homosexuell outete und sich darüber echauffierte, so ist es heutzutage viel leichter, wenn man sich von der eigenen Familie distanziert, weil diese die falschen moralischen Ansichten vertritt. Welche Ansichten das sind, ist austauschbar. Wichtig ist einfach nur, dass der Nestbeschmutzer sich durch seinen sogenannten kritischen Umgang mit moralisch fragwürdigen Ansichten selbst ins beste Licht rückt, obwohl ihm die Ansichten selbst völlig egal sind. Wichtig ist lediglich, dass man Vorteile hat, wenn man sich werbewirksam von seiner eigenen Peergroup deswegen distanziert, weil man so ein edler, moralischer Mensch ist, der lieber mit seiner Familie bricht, als irgendein Unrecht hinzunehmen.

Der Märtyrer

Der Begriff des Märtyrers stammt ursprünglich aus der Religion, fand aber zwischenzeitlich auch Eingang in die Bildungssprache. Man bezeichnet damit jemanden, der sich für seine Überzeugung opfert oder Verfolgungen auf sich nimmt. Obwohl das eigentlich ein edles Ziel ist, bekam das Wort Märtyrer im Laufe der Zeit einen negativen Beigeschmack, was daran liegt, dass viele Märtyrer gar nicht mehr aufgrund ihres hehren Zieles leiden oder Verfolgung erdulden, sondern weil sie für ihr Märtyrertum als Selbstzweck Beifall erwarten. Die eigentlichen Ziele, für die man ursprünglich das Martyrium auf sich nahm, sind unwichtig geworden. Viel wichtiger ist der Ansehensgewinn, weshalb moderne Märtyrer auch nur noch selten für ihre Überzeugungen sterben. Wer tot ist, kann die Bewunderung schließlich nicht mehr genießen. Also tun die modernen Märtyrer nur noch so, als würden sie leiden, und zelebrieren dieses Leiden auf peinliche Weise. Mit dem Typus des Märtyrers sind also Menschen gemeint, die sich selbst gern als Opfer feiern, ihren Opferstatus kultivieren und daraus wiederum Macht und Ansehen ziehen. Ihre Vorgänger, die religiösen Märtyrer, haben nicht mehr erlebt, wenn sie als Heilige verehrt wurden. Das ist der Unterschied zum echten Märtyrer – der echte Märtyrer nimmt Tod und Leiden in Kauf, aber er wäre viel glücklicher, wenn man ihn einfach in Ruhe nach seiner eigenen Vorstellung leben lassen würde. Das ursprüngliche Märtyrertum ist eine Folge von Verfolgung. Der moderne Märtyrer unserer Tage hat oft gar keine eigenen Vorstellungen mehr, die über den Wunsch nach Anerkennung hinausgehen. Deshalb können die Missionare, die wir bereits kennengelernt haben, ihn auch sehr schnell für ihre Themen begeistern, sofern sie irgendeine Möglichkeit für ein ungefährliches Martyrium bieten. Der Märtyrer findet großen Gefallen daran, sich für das breite Publikum in Szene zu setzen. Er sucht sich also irgendein Thema aus, das gerade en vogue ist, und überlegt, wie er nun am besten öffentlichkeitswirksam leiden kann, um seine Hingabe zu beweisen und dafür dann bewundert zu werden.

Falls er in der Corona-Krise zu den Impfgegnern und Querdenkern gehört, vergleicht er sich gern mit echten Widerstands-Ikonen wie Sophie Scholl oder Anne Frank und glaubt, ein Lockdown, der ihn daran hindert, einen größeren Kindergeburtstag zu feiern, sei genauso schrecklich, wie sich mehrere Jahre in einem Hinterhaus vor den Nazis verstecken zu müssen.

Natürlich gibt es für derart plumpe Versuche überwiegend Spott statt Bewunderung, und diese ungeschickten Märtyrer verschwinden auch sehr schnell wieder. Ein geschickter Märtyrer wird deshalb für sein Spezialthema lieber in den Hungerstreik gehen – sei es ein pressewirksamer Hungerstreik für das Klima oder um die Aufnahme von Flüchtlingen zu bewirken. Im Sommer 1993 traten sogar mehrere Arbeiter einer Kaligrube in Bischofferode, die von der Schließung bedroht war, einen Hungerstreik an, um ihre Arbeitsplätze zu erhalten. Genützt hat es nichts, ebenso wenig wie die Hungerstreiks der RAF in Stammheim, die damit erreichen wollten, dass man sie als politische Gefangene betrachtete anstatt als die terroristische Vereinigung, die sie tatsächlich waren.

Der Hungerstreik als Mittel des Martyriums funktioniert natürlich nur gegenüber einer Zielgruppe von empathischen Menschen, die sich um andere sorgen. Der Hungerstreikende will die Verantwortung für sein Leben in die Hände des Gegenübers legen – wenn man nicht tut, was er will, ist man schuld an seinem Tod. Deshalb ist es immer ein Zeichen für einen funktionierenden Rechtsstaat, wenn sich jemand des Mittels des Hungerstreiks bedient. Kein Mensch wäre bei den Nazis im KZ auf die Idee gekommen, in den Hungerstreik zu treten, weil die Nazis sich dann nur gefreut hätten, dass die Inhaftierten noch schneller verhungern und man sich die unzureichenden Pseudorationen schenken kann.

Natürlich gehen auch manchmal Leute in totalitären Regimen in den Hungerstreik. Aber ihre Zielgruppe ist dabei nie das totalitäre Regime selbst, sondern sie wollen die Aufmerksamkeit der Weltöffentlichkeit haben – also wieder die der empathischen Leute, die sich davon betroffen fühlen und Handlungsbedarf sehen. Wenn also jemand in Russland oder China in den Hungerstreik tritt, funktioniert das nur, wenn die Presse im westlichen Ausland darüber berichtet. Der Hungerstreikende ist dann kein Märtyrer in unserem Sinne, sondern greift zu dem letzten Mittel, das ihm bleibt, um Aufmerksamkeit zu bekommen. Diese Menschen wollen also tatsächlich noch wie echte Märtyrer früherer Zeiten echte Ziele erreichen und dürfen deshalb nicht mit dem Märtyrer-Typus, um den es hier geht, verwechselt werden.

Der Märtyrer, der in einem demokratischen Rechtsstaat für irgendetwas in den Hungerstreik geht, riskiert im Gegensatz zum Hungerstreikenden in einem totalitären Staat nicht viel, weil er sich sicher sein kann, dass man ihn im Krankenhaus wieder aufpäppeln wird. Aber er fühlt sich einfach gut dabei, wenn er scheinbar mit seinem Leben spielt, um seine Ziele dann doch nicht zu erreichen, denn erfolgreiche Hungerstreiks sind selten, weil es die meisten Leute in unserer Gesellschaft nicht interessiert, da sie den Hungerstreikenden schnell als Möchtegern-Märtyrer durchschauen. Die Einzigen, die sich für ihn interessieren, sind Aktivisten, Journalisten oder Politiker, die ihn ihrerseits wieder für ihre eigenen Ziele benutzen können.

Aber es gibt noch eine versteckte Form des Märtyrers, die man vor allem im Alltag trifft. Besonders Mütter bedienen sich häufig dieser Strategie.

Wer kennt sie nicht, die Sprüche von Müttern: «Mach nur weiter so, du wirst schon sehen, was du davon hast, wenn ich mal tot bin. Wenn ihr noch länger etwas von eurer Mutter haben wollt, dann müsst ihr besser mit mir umgehen. Ach, mein Herz ... (dramatisches Stöhnen)»? Besonders beliebt sind diese Anfälle im Umgang mit pubertierenden Teenies, die sich weigern, ihr Zimmer aufzuräumen, oder zu irgendeiner Party bis in die frühen Morgenstunden gehen wollen. Die Mutter macht sich selbst zur Märtyrerin, die alles für die ach so undankbaren Kinder tut, um damit ihr Ziel zu erreichen – ein aufgeräumtes Kinderzimmer oder das Ende der Party um 22 Uhr.

Genau wie der Moralapostel arbeitet der Märtyrer mit dem schlechten Gewissen seines Gegenübers, um Ziele zu erreichen. Doch er geht noch einen Schritt weiter. Er will, dass das Gegenüber Angst um ihn hat und deshalb alles für sein Wohlbefinden tut. Wo der Moralapostel noch so tut, als würde er diskutieren, greift der Märtyrer zum Mittel der emotionalen Erpressung. Aber anstatt sich als Erpresser zu outen, will er nun auch noch bewundert werden, weil er ja bereit ist, für seine Ziele zu leiden.

Im Gegensatz zum ursprünglichen Märtyrer, der einfach nur zufrieden leben wollte, aber das nicht konnte, weil die Gesellschaft ihn verfolgte und ihm das Martyrium aufzwang – man denke nur an die Christen unter Nero im alten Rom –, verfolgt unser moderner Märtyrer ausschließlich egoistische Ziele, und das macht ihn so unsympathisch.

Wie wird aber nun jemand zum Märtyrer? Der klassische Märtyrer unserer Tage hat eigentlich alles im Leben und könnte glücklich sein. Allerdings fehlt ihm etwas ganz Entscheidendes – ein echtes Ziel, für das es sich zu kämpfen lohnt. Er hat ja schon alles in die Wiege gelegt bekommen und weiß gar nicht, wie es ist, wenn einem wirklich etwas fehlt, auf das man hinarbeiten kann. Der Märtyrer ist also oft ein sehr zielloser Mensch. Gleichzeitig sehnt er sich nach Bewunderung und Anerkennung. Er möchte gern etwas Besonderes leisten und sein Leben nicht verschwenden. Einfach nur zu existieren und glücklich zu sein, reicht ihm nicht, und zugleich fehlt ihm die Kraft, von sich aus etwas wirklich Bedeutendes zu schaffen. Da ist es dann einfacher, den Weg des Märtyrers zu gehen, der sich irgendeiner Gruppe von Leuten anschließt, für die er dann durch sein Märtyrertum zur Galionsfigur wird. Wenn er sich regelmäßig bei Aktivisten-Aktionen in Pseudogefahr begibt, indem er sich mit Sekundenkleber an Flugzeuge klebt, um sie am Starten zu hindern, oder an Bahngleise kettet, hat er Aufmerksamkeit und Ruhm, ohne viel dafür tun zu müssen. Und da er das dann für ein hehres Ziel wie den Umweltschutz macht, ist er noch dazu ein ganz edler Mensch. Falls er auch noch eine eigene Fanbase hat, die ihm zujubelt, ist er am Ziel seiner Wünsche.Die Mutter, die zu den Strategien des Märtyrertums greift, um ihre Kinder zu kontrollieren, hat davon auch zwei Vorteile – zum einen machen ihre Kinder (bis zu einem gewissen Alter) das, was sie möchte. Zum anderen kann sie sich vor anderen Müttern als großartig darstellen, weil sie mit ihren Kindern keine Probleme hat. In der Pubertät fällt das allerdings meist mit Boomerang-Effekt auf sie zurück, aber sobald die Pubertät ausgestanden ist, funktionieren die alten Strategien wieder, sofern die Kinder nicht nach Timbuktu ausgewandert sind. Märtyrer-Mütter können sich sicher sein, dass sie ihre Kinder mit Ausnahme der Pubertät bis ins hohe Alter im Griff haben und regelmäßig im Pflegeheim Besuch bekommen, weil die Kinder jedes Mal fürchten, es könnte der letzte Besuch sein, weil ihre Mutter doch so schwer leidend ist. Das war sie schließlich von Anfang an, auch als es noch um das Aufräumen des Kinderzimmers ging.

Der Märtyrer braucht zwangsläufig andere Menschen, aber da er nicht gelernt hat, eine stabile, ebenbürtige Beziehung aufzubauen, greift er auf emotionale Erpressung zurück oder wahlweise bewundernde Groupies, die nicht durchschauen, dass er kein Heiliger ist, sondern lediglich ein guter Schauspieler.

Die Menschen, die hinter die Kulisse des Märtyrers blicken, finden ihn oft ausgesprochen unangenehm, weil sie die Verlogenheit erkennen und das Zelebrieren seines Opferstatus nicht ertragen. Schließlich will der Märtyrer ja gar nichts ändern, sondern so bleiben, wie er ist, weil er keine echten Ziele hat. Sollte er wider Erwarten doch mal ein Ziel erreichen, wird er sich ganz schnell einen neuen Ort für sein Martyrium suchen.

Der Märchenerzähler

Der Märchenerzähler ist ein Mensch, der es mit der Wahrheit nicht so genau nimmt. Er erfindet Geschichten, die ihn selbst ins beste Licht rücken und ihm Vorteile verschaffen sollen. Dabei geht die Handlungsweise des Märchenerzählers über den klassischen Lügner deutlich hinaus.

Während ein Lügner bewusst die Unwahrheit erzählt, um Vorteile daraus zu ziehen, neigt der Märchenerzähler dazu, die Wahrheit etwas zu dehnen oder um einige Nuancen auszuschmücken. Anders als beim Lügner findet sich beim Märchenerzähler immer noch ein Quäntchen Wahrheit, und das macht es oft sehr schwer, seine Geschichten zu durchschauen.

Wie schon der Miesmacher lässt sich auch der Märchenerzähler in zwei Untertypen einteilen. So gibt es die Märchentante (oder in der männlichen Form den Märchenonkel, der aber seltener ist), der das Erfinden von guten Geschichten so sehr in Fleisch und Blut übergegangen ist, dass sie kaum noch merkt, wenn sie sich von der Wahrheit immer mehr entfernt. Auf der anderen Seite gibt es den Aufschneider, der deutlich häufiger ist als sein weibliches Pendant, die Aufschneiderin. Er rückt sich selbst immer ins beste Licht und scheut auch nicht vor dem bewussten Einsatz von Lügen zurück.

Sowohl die Märchentante als auch der Aufschneider finden sich häufig in Berufen, wo es auf ein großes Mundwerk ankommt, also vorzugsweise in der Politik, im Journalismus oder in der Werbebranche. Weniger erfolgreiche Märchen-

tanten und Aufschneider findet man auch als Marktschreier
auf Wochenmärkten.

1. Die Märchentante

Die Märchentante ist im Allgemeinen eine sehr redselige
Person, die man häufig in Gesellschaft findet. In Treppen-
häusern wird sie meist als Tratschtante oder Klatschbase
bezeichnet, weil man dort nur den Aspekt des Schluderns
über andere wahrnimmt. Von einer echten Tratsche unter-
scheidet sie sich dadurch, dass die Tratsche wirkliche Ereignisse über die Nachbarn weitergibt und somit als Nach-
richtenzentrale fungiert. Die Märchentante wäre in diesem
Vergleich eher die BILD-Zeitung, da sie alles, was sie hört,
ausschmückt und das, was sie nicht hört, einfach dazuerfin-
det. Da die Märchentante aber sehr empathisch ist, erkennt
sie schnell, wie ihre Mitmenschen ticken, und deshalb sind
ihre ausgedachten Geschichten oft zutreffend. Während die
Tratsche sagt: «Es würde mich ja nicht wundern, wenn der
Hartmann von gegenüber eine Geliebte hätte und seine Frau
betrügt, denn ich habe gehört, der treibt sich immer mit jungen Mädchen rum», würde die Märchentante sagen: «Wussten Sie schon, dass der Hartmann von gegenüber mehrere
Geliebte hat? Und der schämt sich noch nicht mal, das vor
seiner Frau zu verbergen. Den kann man ständig in der Stadt
mit seinen Weibern sehen. Neulich im Café hat er sogar
schon Ärger vom Ober bekommen, weil die sich da in aller
Öffentlichkeit geküsst haben!» Über die empörten Ausrufe
ihrer Zuhörerinnen freut sie sich dann immer sehr, die sind

für sie wie Beifall, denn sie genießt es, Leute zu unterhalten. Wenn ihre Geschichten besser wären, könnte sie Journalistin, Schriftstellerin, Kabarettistin oder Drehbuchautorin werden. Allerdings ist das mit Arbeit verbunden, und deshalb begnügen sich die meisten Märchentanten damit, das Märchenerzählen zum Freizeitvergnügen zu machen.

Wenn die Märchentante nicht gerade über andere lästert – wobei die Versuchung groß ist, denn Schmuddelgeschichten kommen bei ihrem Publikum immer am besten an –, erzählt sie gern Anekdoten aus ihrem Leben. Im Gegensatz zum Aufschneider muss sie dabei nicht immer die Heldin sein. Falls sie ein Publikum gefunden hat, das mehr an ihren Missgeschicken interessiert ist und von dem sie anschließend Trost bekommt, aber Hauptsache, Aufmerksamkeit, dann wird sie ganze Leidensgeschichten hervorkramen. Besonders beliebt sind bei älteren Märchentanten Krankengeschichten. Die Märchentante hatte meistens schon jede Krankheit selbst, von der ihr jemand anderes erzählt, und außerdem einen Großteil sämtlicher Therapiemöglichkeiten durchlaufen. Und falls es sich um experimentelle Therapien handelte, kennt sie mit Sicherheit jemanden, der das schon mal hatte.

Dabei mischt die Märchentante echte Erlebnisse mit frei erfundenen Geschichten. Falls sie tatsächlich mal wegen einer Gallenblasenentfernung im Krankenhaus gelegen hat, kann sie die Atmosphäre, die sie in der Klinik erlebt hat, problemlos auf alles andere übertragen und auch geschickt berichten, wie sie mal einen Gehirnriss hatte oder einen Herzanfall oder einen Nervenzusammenbruch. Man erkennt die Märchentante oft daran, dass sie in diesem Zusammenhang keine echten medizinischen Begriffe nutzt, sondern Dinge aus der Alltagssprache, die teilweise auch in einen falschen Kontext gesetzt werden, der jedem, der professionell mit Medizin zu tun hat, sofort auffällt. Aber das ist ja auch gar nicht ihre Zielgruppe. Die Zielgruppe sind andere Patienten, denen sie hilfreich oder belehrend zur Seite stehen will. Eine gute Märchentante kann durchaus zu positivem Denken beitragen, wenn sie beispielsweise berichtet, sie sei von einer tödlichen Krankheit wieder vollständig genesen. Wenn sie das ihrem todkranken Nachbarn erzählt, wird der Hoffnung schöpfen, und Hoffnung kann das Leben tatsächlich verlängern. Falls sie sich allerdings in die Behandlung echter Kranker mit guten Ratschlägen einmischt, kann es auch schon mal sehr schnell lebensgefährlich werden.

Man muss bei der Märchentante deshalb auch unterscheiden, ob sie ein eher mitfühlender oder ein besserwisserischer Charakter ist. Eine mitfühlende Märchentante kann durch ihre Märchen manchmal sogar Wunder bewirken, während eine besserwisserische Märchentante eher die Rolle der bösen Hexe übernimmt. Das Tragische daran ist, dass sie es gar nicht merkt, sondern glaubt, sie täte noch etwas Gutes, wenn sie einem schwer Krebskranken einen Wunderheiler empfiehlt.

Auch im Berufsleben findet man solche Märchentanten. Ein bekanntes deutsches Zeitschriftenmagazin beschäftigte sogar einige Jahre lang einen Märchenonkel als Journalisten, der so gut war, dass er mit renommierten Journalistenpreisen überhäuft wurde. Und weil das so schön für das Zeitschriftenmagazin war, fragte auch keiner nach, ob diese Geschichten denn wahr waren, und der Erste, der es infrage stellte, musste noch aufpassen, dass man ihn nicht als Nestbeschmutzer denunzierte, obwohl er doch ein Nestreiniger war. Viel nerviger sind Märchentanten und Märchenonkel allerdings in kleinen Betrieben, wenn der Chef fragt, ob jemand von einer neuen Sache Ahnung habe und die Aufgabe übernehmen könne. Vorwiegend Märchenonkel fühlen sich dann sofort angesprochen und erzählen eine lange Geschichte über ihre berufliche Expertise, von der nicht mal ein Viertel stimmt. Aber da sie es so schön ausschmücken können und gute Redner sind, freut sich der Chef und übergibt ihnen den Auftrag. Und dann machen sie sich auch fleißig ans Werk. Falls kurz darauf die gesamte EDV-Anlage aufgrund des stümperhaften Arbeitseinsatzes abgestürzt ist, weiß man, dass man statt eines Top-Programmierers leider nur einen Märchenonkel eingestellt hat.

Märchenonkel sind auch bei Einstellungsverfahren für Firmen immer ein Risiko. Da sie gut reden können und oftmals auch sehr charmant sind, stechen sie häufig qualifiziertere Bewerber aus, die nicht so gut blenden können, aber mehr von der eigentlichen Arbeit verstehen. Wenn ein Personalchef es noch nicht draufhat, Märchenonkel durch geschickte Fragen zu enttarnen, kann ein Märchenonkel unter Umständen sehr teuer werden. Falls man ihn dann noch während der Probezeit entlässt, kann man sich sicher sein, dass auch dieser Teil seines Lebens Eingang in seine Märchenwelt finden wird – und das nicht zum Nutzen der Firma, die ihn gerade gefeuert hat.

In der Politik findet man Märchentanten und Märchenonkel überwiegend in Gremien und Ausschüssen, wo sie sich gegenseitig mit ihren Märchen unterhalten. Sie stellen ihre Pläne vor und neigen dazu, sich alles so schönzureden, dass sie sich negative Konsequenzen gar nicht mehr vorstellen können. In ihrer Fantasie hat doch alles so wunderbar funktioniert. Klassische Beispiele sind dann Planungen von Gebäuden wie dem Berliner Flughafen oder der Hamburger Elbphilharmonie. Wenn es erst mal fertig ist, ist alles schön, aber dass die Baukosten und Bauzeiten sich oftmals mehr als verzehnfacht haben, wird dann ausgeblendet, auch wenn man während der langen Bauzeiten viel Spott zu ertragen hatte. Andererseits geht die Strategie der Märchenerzähler oft auf. Seit die Hamburger Elbphilharmonie endlich fertig ist, wird sie als Wahrzeichen gefeiert, und keiner redet mehr über die vielen, vielen Jahre, während derer sie eine Bauruine und Ziel des Hamburger Spotts war. An diesem Beispiel sieht man, was auch der große Vorteil der Märchenerzähler ist – die Gesellschaft hat nur ein kurzes Gedächtnis. Wenn ein Märchen sich nicht erfüllt, kann ein geschickter Märchenerzähler mit einem neuen, besseren Märchen davon ablenken und die Massen wieder begeistern.

In der Politik zielt der Märchenerzähler also vor allem auf das Wohlfühlbedürfnis der Menschen ab. Er gibt ihnen die Visionen und Träume, die sie sich wünschen – völlig egal, ob die umsetzbar sind.

Wenn man sich nun überlegt, was die Mischung aus Märchenerzähler, Moralapostel, Missionar und Fanatiker in der

Politik gemeinsam ausrichten kann, kann einem schon mal angst und bange werden.

Aber wie wird jemand nun zu einer Märchentante oder einem Märchenonkel?

Zunächst einmal handelt es sich um kreative Menschen, die auf normalem Weg nicht genügend Anerkennung von ihrer Umgebung bekommen. Man nimmt sie nicht wahr, weil sie sonst völlig durchschnittlich sind. Aber sie möchten gern im Mittelpunkt stehen. Also versuchen sie alles, die Aufmerksamkeit ihres Umfelds zu erringen. Und sobald sie zum ersten Mal begriffen haben, dass sie in der Lage sind, Menschen durch ihre Märchen an sich zu binden, wird es zu einer Sucht. Sie merken, dass man sie für ihre Art des Erzählens und ihre Expertise schätzt. Also müssen sie stets einen Ratschlag parat haben, sie können es sich nicht erlauben, auch mal offen zu sagen, dass sie von etwas keine Ahnung haben, weil sich die Menschen dann von ihnen abwenden könnten. Sie haben nie die Erfahrung machen dürfen, dass sie als Menschen einfach nur deshalb wertvoll sind, weil sie da sind. Sie haben das Gefühl, sie müssen stets etwas leisten und sich immer wieder aufs Neue beweisen. Und da sie in nichts außer im Geschichtenerfinden wirklich gut sind, nutzen sie das.

Richtig gute Märchenerzähler haben es nicht nötig, zu übertreiben und zu lügen. Die können als Schriftsteller ihr Geld verdienen. Aber den meisten Märchenerzählern fehlt dazu oft nicht nur das Talent, sondern auch der Fleiß. Wer hat schon Lust, täglich viele Seiten zu schreiben und dann monatelang darauf zu warten, bis das Buch fertig ist und man dann endlich mal von jemandem Rückmeldung bekommt? Die durchschnittliche Märchentante braucht einen schnelleren Erfolg. Und den gibt es am allerschnellsten beim Tratsch im Treppenhaus.

2. Der Aufschneider

Der Aufschneider nutzt dieselben Verhaltensweisen wie die Märchentante, allerdings nicht, um dadurch beliebt und interessant zu sein, sondern um handfeste Vorteile zu bekommen, indem er andere an die Wand spielt. Wenn der Chef im Betrieb beispielsweise fragt, wer mit einem neuen Computerprogramm bereits Erfahrung hat und bei der Initialisierung helfen kann, wird sich der Aufschneider sofort melden, ebenso wie der Märchenonkel. Doch während beide eigentlich keine Ahnung haben, wird der Märchenonkel sich tatsächlich an der PC-Anlage zu schaffen machen – und zwangsläufig scheitern, sofern er nicht einen Glücksgriff tut. Der Aufschneider hingegen ist klug genug, nicht selbst Hand anzulegen. Er wird zwar behaupten, dass er Bescheid wisse, um sich wichtigzutun, aber sich hüten, an der Tastatur herumzufummeln. Stattdessen schaut er wichtig über das Programm und behauptet, dass es eine veraltete oder unvollständige Beta-Version sei und noch ein paar wesentliche Dinge fehlten. Dann wird er irgendeinen echten Fachmann empfehlen, aber so tun, als hätten seine Kollegen dieses entscheidende Detail ohne ihn übersehen und es wäre nur seiner eigenen Fachkompetenz zu verdanken.

Der Aufschneider beherrscht es perfekt, so zu tun, als verstünde er von allem etwas, aber noch viel perfekter beherrscht er die Kunst, dieses Fachwissen niemals direkt handfest unter Beweis stellen zu müssen. Er ist somit auch das, was man gern als Blender bezeichnet. Aufschneider können oft so gut reden, dass sie andere dazu bringen, ihre Aufgaben zu übernehmen, aber selbst den Lohn und die Anerkennung dafür einheimsen. Aufschneider scheuen sich auch nicht, ihren Chef um eine Gehaltserhöhung zu bitten und ihre großartigen Fähigkeiten als Beweis anzuführen, wenn sie gerade nur mit Ach und Krach die Mindestvoraussetzungen für ihren Job beherrschen. Hat ein Aufschneider selbst einen Aufschneider als Chef, funktioniert das sehr gut, denn für den Chef ist es von Vorteil, wenn er eine Niete, die gut reden kann, hoch lobt und zu seinem Vertreter macht, weil somit nicht die Gefahr besteht, dass er selbst durchschaut wird und eventuelle Fehler dem Aufschneider der unteren Hierarchie zuschieben kann. Bei einem Chef, der selbst Ahnung von der Materie hat und für seinen Job lebt, hat der Aufschneider keine Chance, weil er sofort durchschaut wird. Ein vernünftiger Chef erwartet Arbeitsproben. Allerdings schaffen es geschickte Aufschneider, sich vorher Hilfe bei arglosen Kollegen zu holen und sich von denen dann ihre Arbeiten überprüfen und verbessern zu lassen, sodass sie die Leistung eines anderen als ihre eigene Leistung darstellen. Der Aufschneider erhält dann das Lob für die Tätigkeiten eines anderen und wird befördert, während die hilfsbereite Person, die eigentlich die Arbeit machte, im Abseits stehen bleibt.

Da Menschen auf derartige Ungerechtigkeiten sehr allergisch reagieren, besteht die Gefahr, dass die wirklich guten Leute eine Firma verlassen, in der Aufschneider vom Chef bevorzugt werden. Am Ende hat der Chef dann nur noch Aufschneider um sich versammelt, aber keine Leistungsträger mehr – ein Phänomen, das man häufig bei Staatsbetrieben findet. Hier zählt nicht die Leistung, sondern die Aufschneiderei, und falls man wirklich jemanden als Aufschneider enttarnt, kann man ihn wegen hoher Anforderungen an den Kündigungsschutz nicht mehr loswerden. Die verbliebenen Mitarbeiter sehen es aber nicht ein, warum sie für den Aufschneider mitarbeiten sollen, und wenn sie nicht gehen, passen sie ihre Arbeitsweise dem Aufschneider an. Man arbeitet gerade noch so viel, dass man nicht abgemahnt und entlassen werden kann, aber von Innovation ist man weit entfernt, weil Leistungsbereitschaft einem keine Vorteile, sondern nur Nachteile bringt. Die Unterwanderung von Behördenjobs mit Aufschneidern führt dazu, dass Dinge, die eigentlich schnell und einfach zu erledigen wären, über Monate hinausgezögert werden. Außerdem geht die Solidarität der Mitarbeiter untereinander verloren. Wenn jeder befürchtet, der andere wolle ihm nur seine eigene Arbeit aufdrücken, um selbst Vorteile zu haben, erscheint es als reine Selbstverteidigung, sich ebenfalls zu drücken, wo man kann. Ein sicherer Hinweis auf einen Betrieb, der von Aufschneidern unterwandert wird, ist ein hoher Krankenstand. Während Leute, die sich gebraucht fühlen und Spaß an ihrer Arbeit haben, bei einem morgendlichen Halskratzen eine Tasse heißen Tee trinken und vielleicht einen Hustenbonbon lutschen, melden sich Mitarbeiter eines Aufschneider-Betriebs umgehend für eine Woche krank.

In der Politik machen Aufschneider ebenso schnell Karriere. Sie schwingen große Reden, aber sobald sie beweisen müssen, dass etwas dahintersteckt, ziehen sie sich gekränkt zurück. In der Spitzenpolitik allerdings immer erst, nachdem sie schon lang genug als Abgeordnete gearbeitet haben, um ausreichende Pensionsansprüche zu haben. Rücktritt ist dann für sie kein Eingeständnis des Scheiterns, sondern ein Weg zur Selbstfindung – wozu noch länger arbeiten und sich über die Konkurrenz in der Partei ärgern, wenn man sich nun als edler Mensch positionieren kann und auch eine Rente bekommt, von der der durchschnittliche Bürger nicht mal träumen kann, wenn er fünfundvierzig Jahre hart gearbeitet hat?

Bereits in der Schule lernen wir, dass Aufschneider im Leben weit kommen. Wer eine große Klappe hat, fällt auf, vor allem Lehrerinnen lieben kleine Aufschneiderjungs, die zu ihren Lieblingen werden. Mag eine Lehrerin auch nach außen hin noch so feministisch erscheinen – was die Aufschneider angeht, wird sie immer den kleinen Aufschneiderjungen bevorzugen, weil das tief in ihr drinnen steckt. Kleine, charmante Jungs, die genau das sagen, was die Lehrerin hören will, bekommen die guten Noten hinterhergeworfen, selbst wenn sie bei ihrer Sitznachbarin abgeschrieben haben. Mädchen wiederum haben meist keine Chance, bei männlichen Lehrern mit der Aufschneider-Masche durchzukommen, weil ihnen das als zu unweiblich ausgelegt wird – natürlich läuft das alles im Unterbewusstsein ab, kein Lehrer würde sich das eingestehen. Deshalb findet man die meisten Aufschneider auch unter Männern, und deshalb glauben viele Frauen, Männer könnten besser verhandeln und würden sich besser durchsetzen. Nein, sie haben einfach nur gelernt, dass sie als Aufschneider meist ihren Willen bekommen.

Aber es gibt auch einen Punkt, an dem männliche Aufschneider an ihre Grenzen kommen. Das ist meist dann der Fall, wenn sie im Arbeitsleben auf eine Chefin stoßen, die nach kurzer Zeit durchschaut, was für einen Typen sie da vor sich hat. Frauen, die in unserer Gesellschaft Führungspositionen errungen haben, mussten sich bereits gegen eine Vielzahl männlicher Aufschneider durchsetzen und reagieren ausgesprochen allergisch auf erwachsene Exemplare – sogar Lehrerinnen, die kleine Aufschneider im Grundschulalter noch bevorzugen. Der erwachsene männliche Aufschneider ist deshalb am besten bei anderen männlichen Aufschneidern aufgehoben.

Natürlich gibt es auch hier Ausnahmen und weibliche Aufschneiderinnen. Weibliche Aufschneiderinnen haben es rechtzeitig geschafft, bei männlichen Aufschneiderkollegen ihr Geschlecht als Waffe einzusetzen. Wenn sich also ein kleines Aufschneidermädchen in der Schule nicht genügend von der feministischen Lehrerin mit dem Faible für kleine Aufschneiderjungs gesehen fühlt, muss sie einfach nur eine Situation herstellen, in der der kleine Aufschneiderjunge als Sexist erscheint. Sexismus ist ein No-Go und verschiebt sofort die Sympathien. Deshalb sind erfolgreiche Aufschneiderinnen weitaus intriganter als ihre männlichen Pendants und umso gefährlicher, wenn sie es geschafft haben, nach ganz oben zu kommen. In der Politik suchen sich solche Aufschneiderinnen gern Parteien mit einer Frauenquote und schlagen mit dem Sexismus-Argument alle potenziellen Aufschneiderkollegen aus dem Feld. Dabei müssen sie nicht mal den Kollegen direkt attackieren. Es genügt, wenn sie anführen, dass man ein Zeichen gegen die Benachteiligung von Frauen setzt, wenn man beispielsweise bei einer doppelten Parteispitze die Frau zur Kanzlerkandidatin kürt. Sofern sie es nicht selbst verbockt, hat der maskuline Teil so einer Doppelspitze dann keine Chance mehr.

Allerdings neigen Aufschneider jeden Geschlechts dazu, schnell enttarnt zu werden, wenn sie im Rampenlicht stehen. Dann hat wiederum jener Aufschneider die Nase vorn, der jedwede Kritik an sich abperlen lässt und alles aussitzt. Die Fähigkeit des Aussitzens ist nicht geschlechtsgebunden. Männer haben es allerdings meist leichter, weil Frauen eher dazu neigen, sich für Fehler zu rechtfertigen oder zu entschuldigen. Aber ein guter Aufschneider darf sich weder rechtfertigen noch entschuldigen. Er darf sich allenfalls schmollend zurückziehen. Besser ist es allerdings, wenn er sofort in Gegenanklagen verfällt und anderen die Schuld dafür gibt, wenn etwas nicht so gut gelaufen ist, wie er es sich vorgestellt hat.

Aber warum wird jemand nun ein Aufschneider? Das betrifft vor allem Menschen, die in ihrer Entwicklung gelernt haben, dass es keine negativen Konsequenzen hat, wenn man behauptet, man könne etwas, das man tatsächlich gar nicht leisten kann. Natürlich ist es wichtig, Kinder zu ermuntern, alles zu versuchen. Aber wenn sie mit einer Sache überfordert sind oder scheitern, ist es auch wichtig, die Erfahrung des Scheiterns zu akzeptieren und zu erkennen, dass man eben nicht in allem unfehlbar ist.

Der Aufschneider weiß zwar, dass er nicht in allem unfehlbar ist, aber er hat nie gelernt, das auch nach außen hin offen zuzugeben. Er hatte mehr Vorteile davon, wenn er die Folgen des Scheiterns nicht selbst getragen und analysiert hat, sondern anderen die Schuld gab. Das Problem ist, dass jeder Aufschneider irgendwann an den Punkt kommt, wo er zwangsläufig scheitern muss. Wir kennen diesen Vorgang als das sogenannte Peter-Prinzip. Es handelt sich hierbei um die These von Laurence J. Peter, die er in einem Buch 1969 formulierte. Sie besagt, dass jeder Beschäftigte in einer Hierarchie dazu neigt, bis zu seiner Stufe der Unfähigkeit aufzusteigen.

Man kann diese These auf vielerlei Bereiche anwenden und kontrovers diskutieren. Allerdings scheint Laurence J. Peter in seinem Leben besonders viel mit Aufschneidern zu tun gehabt zu haben, weil er so knallhart mit dem Begriff der Unfähigkeit arbeitete.

Zudem ist die Aufschneiderei weitverbreitet. Der klassische Aufschneider beschränkt sich schließlich nicht auf seine Fähigkeiten, sondern schmückt diese auch mit seiner schöngefärbten Vergangenheit aus, in der er sich gern als Klassenbester oder Leistungssportler darstellt. Wenn man allerdings nach sportlichen Erfolgen forscht, stellt man fest, dass der klassische Aufschneider als sogenannter Leistungssportler immer dann verletzungsbedingt ausgefallen ist, wenn er kurz davor war, irgendeinen Erfolg zu erringen – sei es als Leichtathlet, Judoka, Trampolinspringerin oder Turnerin. Aufschneider, die aus ihrer Vergangenheit erzählen, verwenden häufig Begriffe wie «hätte, wäre, wenn» – weil sie tatsächlich auf keine echten Erfolgserlebnisse zurückgreifen können. Denn wenn sie erfolgreich wären, müssten sie nicht aufschneiden.

Dafür versuchen Aufschneider, diesen fehlenden echten Erfolg oft mit Statussymbolen zu kompensieren. Ein teures Auto steht für den Erfolg, weil nur erfolgreiche Menschen genügend Geld verdienen können, um es sich zu leisten. Dafür verschuldet sich der Aufschneider auch schon mal, nur damit der Schein gewahrt bleibt. Oder er lässt sich in stolzer Besitzerpose vor einem gemieteten Luxusauto ablichten und teilt das dann als Statusbild in den sozialen Netzwerken. Natürlich wird dabei verschwiegen, dass der Wagen lediglich gemietet ist. Zwar wird auch nicht behauptet, es wäre der eigene Wagen, aber die Inszenierung wird geschickt genug gehalten, um ebendiesen Eindruck im Kopf des Lesers entstehen zu lassen.

Die Werbung selbst spielt damit ebenfalls – wer erinnert sich noch an die Werbung der Sparkasse, in der zwei Männer «Mein Haus, mein Boot, mein Auto» auf den Tisch legen? Der Werbespot bekam damals negative Schlagzeilen, nicht wegen des Aufschneidens, sondern weil der zweite Mann – der Sieger im Aufschneiderwettbewerb, der natürlich von den Vermögensberatern der Sparkasse beraten worden war – sofort ebenfalls Fotos auf den Tisch knallte und damit nicht nur viel mehr Vermögen zeigte, sondern für ein einziges Pferd auch noch drei attraktive junge Pferdepflegerinnen per Foto auf den Tisch legte, bei denen ganz klar war, dass es nicht um Pferde ging, sondern eher um die Sache mit den Vögeln ... Die Sparkasse änderte den Spot dann auch, als man ihr Frauenfeindlichkeit vorwarf. Aber es zeigt noch einmal deutlich, warum Frauen sich eher als Märchentanten profilieren können und Männer als Aufschneider – der maskuline Aufschneider wird von der Gesellschaft nicht nur toleriert, sondern sogar aktiv beworben und gefördert.

Der Feigling

Unter dem Begriff Feigling kann sich jeder etwas vorstellen, nämlich einen Menschen, der im Zweifelsfall die Kurve kratzt, um nicht selbst in Gefahr oder Schwierigkeiten zu geraten. Feigheit wird durch die Neigung definiert, das eigene Handeln von Angst bestimmen zu lassen und sich deshalb einer Aufgabe nicht zu stellen.

Dabei muss man natürlich sehr genau zwischen Feigheit und Vernunft unterscheiden. Gerade in der militärischen Geschichte wurde sehr viel mit dem Begriff Feigheit in seiner negativen Form gearbeitet, um Menschen dazu zu bringen, sich in gefährliche Situationen zu begeben, um eben nicht mit dem stigmatisierenden Begriff «Feigling» bedacht zu werden. Daraus resultierte dann in der Vergangenheit auch ein Paradoxon, dass Menschen lieber verbrecherischen Befehlen gehorchten, anstatt sich als Feigling bezeichnen zu lassen. Ein historisches Beispiel ist die Geschichte des Hamburgischen Reservepolizeibataillons 101, dessen Mitglieder im besetzten Polen Erschießungen an jüdischen Zivilisten vornehmen sollten, vornehmlich Frauen und Kinder. Den Männern wurde in einer Rede von ihrem Vorgesetzten freigestellt, ob sie daran teilnehmen wollten oder nicht, allerdings waren die Worte so gewählt, dass klar wurde: Wer keine unschuldigen Menschen erschoss, wäre ein Feigling und könnte seine weiteren Karrierechancen begraben. Weitere Nachteile waren nicht zu befürchten. Niemandem drohte Strafversetzung, die Front oder gar das KZ. Dennoch haben sich damals nur zwölf Männer geweigert, an den Erschießungen teilzunehmen. Der Rest des Polizeibataillons – ganz normale Männer – hat lieber dem Befehl gehorcht, anstatt als Feigling zu gelten.

An diesem Beispiel erkennt man Folgendes: Nicht derjenige, der von jemandem als Feigling bezeichnet wird, ist der wirkliche Feigling, sondern derjenige, der aus Angst vor Sanktionen handelt. Und hier war es eben die Angst davor, Feigling genannt zu werden und sich selbst aus der Gemeinschaft auszugrenzen. Um weiter dazuzugehören, hat man lieber Menschen getötet, weil die Furcht vor Verbannung aus der Kameradschaft zu groß war, auch wenn es sonst keine Nachteile zu befürchten gab. Wir haben es in diesem historischen Beispiel also mit einem Bataillon von Feiglingen zu tun, in dem es lediglich zwölf mutige Menschen gab, die man fälschlich zum Feigling erklärte.

Im Folgenden sind unter dem Begriff des Feiglings echte Feiglinge zu verstehen und nicht solche, die von verärgerten Militärs dazu erklärt werden, weil sie keine Lust haben, jeden dummen Befehl auszuführen, und stattdessen lieber die Konsequenzen einer Befehlsverweigerung auf sich nehmen.

Auch der Feigling unterteilt sich in zwei Unterkategorien. So kann der Feigling sowohl als Vermeider als auch als Berufsopfer in Erscheinung treten.

1. Der Vermeider

Der Vermeider ist der Typus des Feiglings, der am liebsten allen Schwierigkeiten aus dem Weg geht und angepasst bei allem mitmacht. An manchen Stellen scheinen die Übergänge zum Typus des Mitläufers fließend, allerdings bestimmen beim Mitläufer die persönlichen Vorteile das Überlaufen, während der Feigling aus Angst vor Konsequenzen davonläuft. Persönliche Vorteile sind für den Feigling nebensächlich, sofern man die Rettung der eigenen Haut nicht als persönlichen Vorteil wertet. Beim Feigling geht es also um die gewohnte Existenz, die er retten will.

Der Vermeider erreicht dies, indem er sämtliche unangenehmen Dinge vermeidet und aussitzt. Er blendet einfach aus, dass es ein Problem gibt, anstatt sich ihm zu stellen. Das hat oft zur Folge, dass sich die Probleme ansammeln und irgendwann mit geballter Wucht über ihn hereinbrechen, beispielsweise wenn es sich um Behördenschreiben oder Steuererklärungen handelt, mit denen sich der Vermeider nicht auseinandersetzen wollte, weil er Angst hatte, irgendetwas falsch zu machen und dann erst recht Probleme zu kriegen. Also tut er lieber gar nichts.

Es würde dem Vermeider auch nicht im Traum einfallen, den Mund aufzumachen, wenn er irgendwo Zeuge eines Unrechts wird. Stattdessen schaut er weg und behauptet später, er habe nichts gesehen. Schließlich bringt es nur Ärger, sich in die Händel anderer Leute einzumischen. Und so kann es einem passieren, dass man mitten im Berufsverkehr in einer vollen U-Bahn überfallen wird und keiner auch nur den Finger rührt, um mit dem Smartphone die Polizei anzurufen – stattdessen wird in einer Horde von Vermeidern lieber mit ebendiesem Handy Candy Crush gespielt. Die Augen werden stur auf das Display gerichtet, damit der Täter auch genau weiß, dass keiner etwas sieht und ihn natürlich niemand anzeigen wird, um bloß selbst keine Schwierigkeiten zu bekommen.

Im Berufsleben trifft man diese Vermeider oft als Kollegen, die zwar in der Kaffeeküche so einige Missstände im Betrieb anprangern, aber wehe, man bittet sie, gemeinsam zum Betriebsrat zu gehen, um dort nach Lösungen zu suchen. Man kann gar nicht so schnell gucken, wie die eben noch aktiven Gesprächspartner, von denen man glaubte, sie wollten höchstpersönlich die Revolution ausrufen, plötzlich aus dem Raum verschwinden, selbst wenn ihr Kaffee noch gar nicht fertig ist.

Man begegnet dem Vermeider auch noch an anderer Stelle im Berufsleben. Er vermeidet es oft, eine Arbeit zu beenden. In Krankenhäusern findet man den Typus des Vermeiders oft unter Assistenzärzten, die niemals ihre Arztbriefe vollenden und ganze Schränke mit unerledigten Akten angehäuft haben. Mitunter warten niedergelassene Kinderärzte noch auf die Arztbriefe über die Behandlung ihres einst siebenjährigen Patienten, während sie inzwischen schon die Kinder dieses Patienten behandeln. Oft steckt beim Vermeider auch eine völlig irrationale Angst dahinter, die Furcht, nicht perfekt zu sein und dann lieber gar nichts abzugeben als eine unperfekte Arbeit.

Ein weiterer Aspekt des Vermeiders besteht darin, dass er grundsätzlich Konflikten aus dem Weg geht. Das macht ihn einerseits zu einem scheinbar angenehmen Zeitgenossen, aber es macht es auch unmöglich, schwelende Konflikte zu benennen und eine Aussprache herbeizuführen, denn er fürchtet sich vor dieser Aussprache. Lieber bricht er alle Kontakte ab und lässt eine Freundschaft nach Jahren einschlafen, anstatt einen Lösungsversuch zu starten.

In der Politik sind solche Vermeider ebenfalls häufig anzutreffen. Dort praktizieren sie zunächst das Aussitzen eines Problems, und wenn sie merken, dass sie damit nicht länger vorankommen, ergreifen sie die Flucht in Form eines Rücktritts. Ihre finanziellen Bezüge sind ihnen in den meisten Fällen ohnehin sicher, insofern haben sie durch einen Rücktritt mehr zu gewinnen als durch eine offene Aussprache und Lösung des Problems.

Der Vermeider lernt bereits früh, dass es einfacher ist, einem Konflikt oder einer unangenehmen Sache aus dem Weg zu gehen, anstatt sich ihr offensiv zu stellen. Häufig hat der Vermeider als Kind die Erfahrung gemacht, dass er sich für andere eingesetzt hat, aber am Ende mit allem alleingelassen wurde – sei es bei einem Konflikt mit dem Lehrer, bei dem plötzlich keiner der Mitschüler mehr etwas davon gewusst haben wollte, oder bei ganz banalen gemeinsamen Unternehmungen, die der Vermeider organisierte und die dann von allen anderen abgesagt wurden, sodass er am Ende ganz allein auf dem vollen Picknickkorb und den Getränkekisten sitzen blieb. Wer zu oft die Erfahrung gemacht hat, dass er sich auf andere nicht verlassen kann, wird künftig alles vermeiden, was nach einem Konflikt aussieht, weil er niemals gelernt hat, dass man einen Konflikt auch positiv abschließen kann und am Ende beide Seiten von dem Kompromiss und der Versöhnung profitieren. Im Grunde steckt bei dem Vermeider Angst vor der Enttäuschung dahinter, also tut er lieber gar nichts als das vermeintlich Falsche. Dadurch kann er natürlich auch in schwierige Situationen geraten, wenn einen gerade das Nichtstun in eine Bredouille bringt und man lieber schleunigst weglaufen sollte.

Vor dem Dilemma standen vermutlich auch die Täter des Reservepolizeibataillons 101, die lieber zu Mördern wurden, anstatt genügend Mut aufzubringen, NEIN zu sagen, obwohl ihnen vorher versichert worden war, dass sie keinerlei negative Konsequenzen zu befürchten hätten – außer dass man sie für Feiglinge halten würde.

2. Das Berufsopfer

Im Gegensatz zum Vermeider geht das Berufsopfer gern in die Offensive. Anstatt etwas still und heimlich zu vermeiden und auszusitzen, beklagt sich das Berufsopfer sofort, sobald ihm eine Aufgabe gestellt wird, die es aus welchen Gründen auch immer nicht bewältigen kann oder will. Die Fähigkeit, sich sofort immer in jeder Situation zum Opfer der Umstände zu generieren, ist ihm so sehr in Fleisch und Blut übergegangen, dass er hier als Berufsopfer bezeichnet wird – Opfer zu sein, ist seine Berufung, weil es große Vorteile mit sich bringt. Ein Opfer kann zum einen niemals selbst Täter sein und muss deshalb nicht die Verantwortung für sein Versagen tragen. Zum anderen hat ein Opfer Anspruch auf Mitgefühl und Unterstützung. Der Opferstatus wird zelebriert, um keine Verantwortung übernehmen zu müssen.

In früheren Zeiten haben sich manche Frauen gern als Berufsopfer dargestellt, wenn sie sonst schon nicht viel in der Männerwelt zu melden hatten. Sie konnten beispielsweise bei Schiffsunglücken von der Devise «Frauen und Kinder zuerst» profitieren, außerdem konnten sich Frauen darauf berufen, von schweren körperlichen Arbeiten ausgenommen zu werden, und Militärdienste mussten sie auch nicht leisten.

Mit der Zeit stellte sich allerdings heraus, dass dieses weibliche Berufsopfertum auch eine Menge Nachteile mit sich brachte, weil Männer nun dazu neigten, Frauen auch in anderen Belangen zu ihren Opfern zu machen. Der Feminismus sorgte dafür, dass die Frauen das Berufsopfertum als grundsätzliche Lebensstrategie weitestgehend ablegen konnten. Dafür fanden gleichzeitig immer mehr Männer Gefallen an dieser Rolle, sodass sich die Berufsopfer heutzutage auf alle Geschlechter gleichermaßen verteilen.

Wichtig für die Strategie eines erfolgreichen Berufsopfers ist die Zugehörigkeit zu irgendeiner Gruppe, die schon mal in ihrem Leben irgendeine Form von Diskriminierung erfahren hat. Da es letztlich keine Menschengruppe gibt, die nicht schon mal von einer anderen Menschengruppe wegen was auch immer diskriminiert wurde, wird jedes Berufsopfer schnell etwas Passendes finden.

Angenommen, ein weißer Mann mittleren Alters soll irgendeine Aufgabe übernehmen, die mit Unannehmlichkeiten verbunden ist. Dann könnte er mit seiner Chefin folgenden Dialog führen: «Es heißt doch immer, dass Frauen und Männer gleiche Arbeit leisten können. Warum soll ich jetzt diese Aufgabe übernehmen, wenn Frau Müller doch genauso gut geeignet wäre?»

«Frau Müller ist körperlich schwächer als Sie, Herr Meier.

Deshalb ist es wichtig, dass Sie die Getränkekisten schleppen.»

«Was hindert Frau Müller daran, die Getränkekisten im Trolley zu transportieren?»

«Wir haben keinen Trolley, Herr Meier.»

«Nur weil ich ein Mann bin, möchte ich nicht ständig auf meine Männlichkeit reduziert werden, um dann die körperliche Arbeit zu machen. Da kämpfen die Frauen doch ständig um Emanzipation, aber am Ende müssen wir Männer dann wieder schleppen. Finden Sie das gerecht? Erst werden uns Männern die Jobs wegen der Quotenregelung halbiert, und was bleibt dann übrig? Getränkekisten für das Betriebsfest schleppen, zu dem ich sowieso nicht gehen wollte, aber das Frau Müller organisiert hat.»

Die Chefin wird denken, was für ein nerviger Quengler Herr Meier doch ist, aber um des lieben Friedens willen irgendwann nachgeben und jemand anders bitten. Da Herr Meier ohnehin schon gemäß dem Peter-Prinzip auf dem höchstmöglichen Posten angekommen ist, hat sie auch nicht viel in der Hand gegen ihn.

Sollte Frau Müller nun aber auch ein Berufsopfer sein, wird sie den Spieß umdrehen, über den alten weißen Mann und die Vorherrschaft des Patriarchats schimpfen und sich ebenfalls weigern, die Getränkekisten zu schleppen, zumal sie ja schon die Organisation der Betriebsfeier übernommen hat. Am Ende wird die Chefin die Kisten dann entweder selbst schleppen oder die Feier komplett absagen.

Das Berufsopfer ist also im normalen Alltag oft das, was man einen Drückeberger nennt, aber immer mit dem kleinen moralischen Opferstatus dabei, den es durch den Umgang mit Moralaposteln angenommen hat. Es ist sozusagen das Sahnehäubchen, wenn man sich nicht nur drückt, sondern dabei noch als unangreifbares Opfer generiert, dem man die Drückebergerei nicht offen vorwerfen kann, ohne dabei jemanden zu diskriminieren.

Diese Masche funktioniert immer und überall. Wenn man etwas tun soll, aber es nicht will, muss man nur eine unanfechtbare Ausrede haben. Es gehe eben nicht aus religiösen Gründen, aufgrund einer Weltanschauung oder sexuellen Identität oder ethnischen Herkunft. Schon ist man fein raus aus der Sache – zumindest so lange, bis man an jemanden gerät, der den Spieß umdreht und einem nun gar keine interessanten Aufgaben mehr zugesteht, sondern andere bevorzugt. Im Beruf könnte dann die Beförderung ausbleiben, im persönlichen Umfeld steht man plötzlich allein da, wenn man Hilfe beim Umzug braucht, und die Nachbarn leihen einem auch nicht mehr die Heckenschere.

Nun kommt es darauf an, ob das Berufsopfer erneut mit der Diskriminierungskarte als Trumpf stechen kann oder ob sein Gegenüber längst durchschaut hat, dass es hier gar nicht um Diskriminierung sondern schlichtweg um Faulheit geht. Dann wird es für das Berufsopfer schwierig. Allerdings dauert es meist Jahre, bis das Berufsopfer auf irgendjemanden trifft, der sich traut, ihm das direkt ins Gesicht zu sagen, aus Angst, einem echten Opfer unrecht zu tun.

DER SELBSTTEST –
WELCHER TYP BIN ICH?

Vermutlich haben Sie beim Lesen schon wiederholt den Kopf geschüttelt oder zustimmend genickt, wenn Sie den einen oder anderen Zeitgenossen wiedererkannt haben. Und mit einiger Sicherheit haben Sie sich bei mancher Beschreibung auch selbst ein Stück weit wiedererkannt. Aber so sind wir Menschen – wir tragen von all diesen Typen etwas in uns, das bei bestimmten Situationen durchaus nützlich sein kann. Und sei es nur, um sich gegen andere unangenehme Zeitgenossen erfolgreich zur Wehr zu setzen.

Im Folgenden gibt es einen kleinen Selbsttest, anhand dessen Sie feststellen können, zu welcher Gruppe Sie gehören – oder zu welchen verschiedenen Gruppen. Natürlich ist der Test mit einem Augenzwinkern zu betrachten und soll vor allem zum Nachdenken anregen.

Legen Sie sich einen Stift und ein Blatt Papier bereit, damit Sie die passenden Antwortbuchstaben für die jeweilige Frage notieren können. Am Ende folgt dann die Auswertung. Selbstverständlich werden Sie nicht immer die perfekte Antwortmöglichkeit finden, die Sie im wirklichen Leben geben würden. Nehmen Sie in dem Fall einfach die Antwortmöglichkeit, die Ihnen spontan am besten gefällt. Auch das Unbewusste verrät uns viel. So mancher kleine Revoluzzer in uns wird dort spürbar, wo wir über eine Antwort besonders lachen oder aber extrem den Kopf schütteln.

Sollte es Ihnen schwerfallen, sich überhaupt mit irgendeiner Antwortmöglichkeit anzufreunden, weil es Ihnen peinlich ist, sind Sie vermutlich ein Vermeider.

Und nun viel Spaß bei der Selbsterkenntnis.

1. **Wir befinden uns im Jahr 2 der Corona-Pandemie. Sie sind im Supermarkt und bemerken einen Nasenexhibitionisten. Wie verhalten Sie sich?**

a) Ich spreche den Menschen direkt darauf an, dass er seine Nase bitte bedecken möge, da er sonst schuld daran ist, wenn seine Mitmenschen an Covid-19 sterben.

b) Ich freue mich, dass er wenigstens den Mund verhüllt hat. So kommen immer noch weniger Viren raus, als wenn er gar keinen Schutz tragen würde.

c) Ich versuche, ihn davon zu überzeugen, dass es besser ist, den Mund-Nasen-Schutz korrekt zu tragen.

d) Ich drohe ihm Prügel an, wenn er nicht auf der Stelle den Riechkolben verhüllt. Ist doch echt unverschämt, wenn der einem hier seinen nackten Zinken zeigt.

e) Ich frage ihn, warum er den Mund-Nasen-Schutz nicht korrekt trägt, und versuche, an seine Verantwortung gegenüber der Menschheit zu appellieren.

f) Ich beneide ihn für den Mut, die Nase raushängen zu lassen. Ich würde auch lieber vernünftig atmen können und verhindern, dass meine Brille beschlägt, aber ich will nicht unangenehm auffallen.

g) Ich weise das Personal darauf hin und bitte es einzuschreiten.

h) Ich stelle mich ihm entgegen, ziehe meinen eigenen Mund-Nasen-Schutz von der Nase und sage. «Ich bin bereit, Ihre Viren aufzunehmen und gemeinsam mit Ihnen in den Tod zu gehen!», in der Hoffnung, dass er dann die Nase verhüllt.

i Ich erzähle ihm von einem Bekannten, der auf der Intensivstation an Covid-19 gestorben ist, selbst wenn ich gar keinen solchen Bekannten habe. Ich kann mir genug aus den einschlägigen Zeitungsartikeln zusammenreimen.

j Von wem reden Sie? Ich habe niemanden gesehen, der seine Nase nicht ordnungsgemäß bedeckt hätte. Und wennschon – was geht es mich an?

2. **Sie sind auf der Arbeit, und Ihr Chef stellt Ihnen einen neuen Kollegen vor und fragt, wer aus dem Team bereit wäre, ihn einzuarbeiten. Was sagen Sie?**

a Ich mache es gern, denn es ist wichtig, dass der Neue gleich kapiert, wo die Fallstricke liegen und was hier alles nicht läuft. Außerdem kann ich dann in der Probezeit schon erkennen, ob es sich lohnt, ihn überhaupt zu übernehmen, was ich im Moment noch sehr bezweifle, so wie der angezogen ist …

b Ich melde mich selbstverständlich sofort freiwillig, weil es Spaß macht, Neue einzuarbeiten und ihnen die ganze Schönheit unseres Tätigkeitsfeldes zu zeigen.

c Ich liebe es, Neue einzuarbeiten, weil ich dann sicher sein kann, dass sie es wenigstens richtig lernen und später keine dummen Fehler machen.

d Wer von mir eingearbeitet wird, gibt entweder später sein Leben für die Firma oder übersteht die Probezeit nicht. Wer die Ehre hat, für uns zu arbeiten, muss auch alles geben.

e Ich freue mich über die Herausforderung und werde ihm sofort die Wichtigkeit unseres Betriebes in Hinblick auf Umweltschutz und Zukunftsinnovationen erklären.

f Ich schaue diskret weg, wenn der Chef fragt. Soll sich doch jemand anders um den Neuen kümmern. Ich habe selbst genug zu tun.

g Irgendwie ist mir der Neue nicht ganz geheuer. Ich will lieber nichts mit ihm zu tun haben, der stört uns bestimmt im Arbeitsablauf.

h Ich mache es selbstverständlich, wenn der Chef es so will. Auch wenn ich eigentlich keine Zeit habe. Aber der Wille des Chefs steht darüber, selbst wenn ich mich dann totarbeiten muss.

i Ich freue mich sehr über diese Aufgabe und werde den Neuen perfekt einführen und alles erzählen, was ich weiß.

j Welcher Neue? Muss ich den kennen?

3. Sie sind mit Ihrer Familie unterwegs im Wald. Ihre fünfjährige Tochter muss mal. Wie reagieren Sie?

a Hättest du das nicht zu Hause erledigen können? Ich habe dich doch noch dreimal gefragt, ob du auf Klo warst. Und jetzt ist hier weit und breit keine Toilette, und da hinter dem Busch lauter Brennnesseln. Das ist ja mal wieder typisch!

b Kein Problem. Wie gut, dass wir im Wald sind. Warte kurz, ich trete eben die Brennnesseln runter, dann kannst du dich dahinter hinhocken.

c Beim nächsten Mal trinkst du vorher nicht so viel. Das war ja klar, dass du dann sofort wieder musst. Gut, schauen wir mal, wo du dich hinhocken kannst.

d Hock dich einfach hier hin. Kleine Kinder müssen sich nicht im Gebüsch bei den Brennnesseln verstecken. Wenn Hunde überall hinpinkeln dürfen, dürfen Kinder das erst recht, wenn keine Toiletten da sind.

Du weißt, dass das nicht gut für die Pflanzen ist, wenn du dich jetzt hier hinhockst, oder? Wir werden jetzt in Ruhe nach einer Toilette suchen. Und falls du dir inzwischen in die Hose machst, werden wir dir beim nächsten Mal wieder Windeln anziehen. Ich dachte ja, du bist schon ein großes Mädchen. Große Mädchen können anhalten, bis sie eine Toilette gefunden haben.

Wir sind gerade allein im Wald, hock dich hier einfach hin und mach schnell, ehe jemand kommt.

Warum hast du unserer Tochter nicht gesagt, sie soll noch mal aufs Klo gehen? Jetzt sieh zu, wie ihr das regelt.

Muss das jetzt sein? Jetzt kann ich wieder die Brennnesseln für dich rausreißen. Aber was tut man nicht alles für seine Kinder? (Theatralisches Seufzen)

Komm, dann geh in die Büsche da vorn, aber pass auf, dass dich kein Tier in den Popo beißt. Das ist der Ann-Katrin neulich passiert, und die konnte dann drei Tage lang nicht sitzen.

Mach einfach irgendwo, ich schau weg.

4. **Sie wollen während der Corona-Pandemie ins Theater gehen. Sie sind aus Überzeugung ungeimpft und ungetestet. Mit welcher Argumentation versuchen Sie, sich trotzdem Einlass zu verschaffen?**

Warum wollen Sie von mir einen Nachweis, dass ich nicht krank bin? Sie sehen doch, dass ich gesund bin, und jeder, der Angst hat, sich anzustecken, kann sich doch impfen lassen. Warum soll ich auf meine Freiheit verzichten, wenn die Geimpften der Wirksamkeit ihrer eigenen Impfung nicht trauen?

Sie müssen sich keine Sorgen machen, ich bin völlig gesund, und da kann gar nichts passieren. Wir haben ja außerdem alle Masken auf.

Die Wirksamkeit einer Impfung beträgt ebenso wenig 100 Prozent wie die Aussagekraft eines Testes. Also könnte ich genauso gut ein Superspreader sein, wenn ich geimpft oder getestet wäre. Sie sehen doch, dass ich keinerlei Symptome habe.

Schlafschafe wie Sie sind schuld daran, wenn unsere Demokratie zugrunde geht. Ich kämpfe für die Freiheit, und wenn Sie mich nicht auf der Stelle reinlassen, werde ich mir mit Gewalt Einlass verschaffen!

Halten Sie es für moralisch vertretbar, ganze Menschengruppen von Kultur auszuschließen? Denken Sie nie an die Leute, die sich nicht impfen lassen können, weil sie gesundheitlich angeschlagen sind und außerdem kein Geld für einen Test haben?

Kein Problem, hier ist mein Impfzertifikat. Ich habe kein Verständnis für Leute, die Impfungen ablehnen. Ja, natürlich ist das echt. Ich habe nur einen Screenshot gemacht, falls die App mal ausfällt. Aber das ist wirklich echt. Wirklich!

Das ist mal wieder typisch für das deutsche Volk! Wir neigen dazu, Befehle zu befolgen, egal ob sie sinnvoll sind oder nicht. Aber ich habe beschlossen, mich nicht länger drangsalieren zu lassen. Irgendwer muss mal aufstehen und den Finger in die Wunde legen!

h Sie wollen mir den Zugang zum Theater verwehren? Ihnen ist schon klar, dass das diktatorische Maßnahmen sind, die an die dunkelste deutsche Geschichte erinnern? Wollen Sie sich da wirklich mitschuldig machen?

i Ich habe meinen Impfpass vergessen. Aber ich versichere Ihnen, dass ich geimpft bin. Allerdings würde ich den Anfang des Stücks verpassen, wenn ich jetzt noch mal zurückfahren müsste. Können Sie nicht einfach mal eine Ausnahme machen?

j Theater wird überbewertet. Ich habe ein Netflix-Abo.

5. **Sie wurden als Radfahrer von einer Polizeistreife dabei beobachtet, wie Sie einen Fußgänger gefährdet haben. Wie reagieren Sie?**

a Der Radweg war ja von den Autos zugeparkt, und auf der Straße zwischen all den Autos ist es für uns Radfahrer doch viel zu gefährlich. Es war reiner Selbstschutz. Und ich konnte ja nicht ahnen, dass die alte Frau da ohne zu gucken mit ihrem Rollator aus dem Eingang kommt. Wer so schlecht laufen und gucken kann, sollte doch lieber zu Hause bleiben, bevor noch etwas passiert. Dazu gibt es schließlich Altersheime. Eigentlich sollte die mir dankbar sein, dass ich sie noch rechtzeitig gesehen habe und ausgewichen bin.

b Zum Glück ist ja niemandem etwas passiert. Ich habe einfach nicht aufgepasst. Das wird mir nicht noch einmal passieren. Tut mir sehr leid.

c Ich verwehre ich mich gegen ein Bußgeld wegen Gefährdung der alten Frau, denn die hat nicht aufgepasst, sondern mich gefährdet. Wenn Sie sich die Straßenverkehrsordnung ansehen, dann … (es folgt ein Monolog über die Straßenverkehrsordnung).

d) Das ist doch mal wieder typisch! Als Radfahrer sind wir immer die Dummen. Entweder werden wir von Autos geschnitten, oder einem laufen halb blinde, lahme Omas vors Rad, und dann bekomme ich noch die Schuld dafür! Ihren Strafzettel können Sie sich sonst wohin stecken.

e) Es tut mir sehr leid, dass die alte Dame sich von mir gefährdet fühlte, auch wenn ich die Situation immer unter Kontrolle hatte und nie eine Gefährdung vorgelegen hat. Ich werde das Bußgeld aber selbstverständlich zahlen, auch wenn das Grundproblem nicht in meiner Fahrweise, sondern der falschen Verkehrspolitik liegt.

f) Tut mir leid, kommt nicht wieder vor. Ich habe nur auf die Radfahrer vor mir geachtet und bin einfach so im Fluss mitgefahren.

g) Ja, Sie haben völlig recht. Wir Radfahrer sind oft viel zu rücksichtslos. Ich bin zutiefst beschämt, dass mir das nun auch passiert ist.

h) Oh Gott, ich hätte jemanden TÖTEN können! Es tut mir so furchtbar leid. Was kann ich nur tun, um das wiedergutzumachen? Ich werde einen Kuchen für die alte Dame backen. (Schneller Blick zur Seite, ob der Polizist und die alte Dame so gerührt sind, dass sie gemeinsam entscheiden, auf das Strafmandat zu verzichten.)

i) Ich habe gar kein Fahrrad. Das hier lag auf dem Weg, und ich habe es aufgehoben, nachdem der echte Übeltäter weggelaufen ist.

j Die Frau rannte mir, ohne zu gucken, vors Fahrrad. Wenn Sie mir ein Knöllchen verpassen, werde ich Einspruch einlegen, und dann sehen wir uns vor Gericht wieder. Ich habe den besten Anwalt der Welt, den Sie sich vorstellen können. Und dann muss die alte Frau auch als Zeugin vor Gericht. Wollen Sie ihr das wirklich zumuten, wo doch gar nichts passiert ist?

6. **Sie sehen, wie vor Ihnen jemand seine Geldbörse verliert. Wie reagieren Sie?**

a Ich weise ihn darauf hin und mache ihm zugleich Vorwürfe, dass er so unvorsichtig war, weil nicht alle Menschen so ehrlich sind wie ich.

b Ich hebe die Börse auf und laufe ihm nach, um sie ihm zu geben. Einen Finderlohn lehne ich ab, weil das eine Selbstverständlichkeit war.

c Ich weise den Menschen darauf hin, dass er seine Börse verloren hat, und gebe ihm Tipps, wie er das künftig verhindern kann.

d Ich schaue, wie viel Geld in der Börse ist. Wenn es sich lohnt, stecke ich sie ein, um das Geld an die Organisation, für die ich kämpfe, zu spenden. Falls nichts drinnen ist, lasse ich sie liegen, wo ich sie gefunden habe.

e Ich hebe die Börse auf und schaue nach, wie viel Geld drinnen ist. Wenn es wenig war, verzichte ich voller Großmut auf meinen Finderlohn.

f Ich schau nach, ob jemand anders es auch gesehen hat. Falls ja, hebe ich sie auf und bringe sie dem Besitzer. Falls nein, stecke ich sie ein und behalte sie.

g Wenn der Besitzer einen reichen Eindruck macht, behalte ich das Geld, um es für arme Leute zu spenden. Wenn er arm aussieht, gebe ich es ihm zurück.

h Ich würde ihm sogar noch mit dem Taxi hinterherfahren, damit er sein Portemonnaie zurückbekommt. Selbst wenn ich dabei draufzahle.

i Ich hebe das Portemonnaie auf und bringe es zur Polizei, damit ich mal wieder was Interessantes zu erzählen habe.

j Ich lasse es liegen. Jeder weiß doch, dass Geld voller Bakterien ist, und ich will mich nicht mit fremden Krankheitskeimen anstecken.

7. **Ihr Sohn möchte seine neue Freundin zum Weihnachtsessen mitbringen. Sie ist strenge Veganerin, während es bei Ihnen immer eine Weihnachtsgans gibt. Wie reagieren Sie?**

a Warum geht ihr nicht zu ihren Eltern zum Weihnachtsessen, wenn ihr nicht passt, was bei uns auf den Tisch kommt? Vermutlich sind ihre Eltern ganz froh, dass sie dieses gestörte Kind bei uns abladen können.

b Weißt du, was? Wir einigen uns einfach auf einen Kompromiss – die Weihnachtsgans bleibt, aber ich brate ihr ein paar vegetarische Nuggets zum Rotkohl.

c Bring sie gern mit, wir werden sie schon davon überzeugen, die köstliche Gans zu probieren.

d Fleisch ist ein Stück Lebenskraft. Und wenn ihr später Kinder habt, wird sie die dann mit Karottensaft aufziehen, weil das Stillen auch nicht vegan ist? Wenn ihr hier Weihnachten feiern wollt, ist die Weihnachtsgans Pflichtprogramm!

Es ist großartig, dass deine neue Freundin sich so verant-
wortungsvoll der Natur gegenüber verhält. Selbstverständlich verzichten wir auf die Gans. Natürlich wird es Opa sehr
schwerfallen, und du weißt ja, dass es womöglich sein letz-
tes Weihnachtsfest ist. Wir könnten Opa ja über Weihnachten in die Kurzzeitpflege geben, damit er nicht hier am Tisch
weint und die Stimmung verdirbt, wenn es keine Gans gibt.
Kümmerst du dich bitte darum, das mit Opa zu klären?

Immer diese Extrawürste. Die Jugend von heute hat verlernt,
dass man die Gebräuche der Gastgeber ehren sollte. Mir
wäre so etwas im Traum nicht eingefallen. Niemand zwingt
sie, hier Fleisch zu essen, sie kann sich gern mit Rotkohl und
Kartoffeln begnügen.

Du hast völlig recht. Wir Menschen zerstören unsere Erde
durch den Fleischkonsum. Wir werden am besten auch alle
unsere Ernährung ganz auf die vegane Kost umstellen.

Ganz wie du willst. Dann wird es eben Tofu zum Rotkohl geben. Ich habe zwar eine Allergie gegen Tofu, aber das macht
nichts, ich esse dann nur Rotkohl. Wichtig ist, dass du einen
guten Eindruck bei deiner Freundin machst.

Du weißt, dass Veganismus sehr schädlich ist, oder? Die
Veganer predigen immer, dass sie sich gesund ernähren,
aber ihnen fehlt Vitamin B, und deshalb stopfen sie haufenweise Chemietabletten in sich hinein, um nicht an Mangel-
krankheiten zu sterben. Und mit so einer Verrückten willst
du dich näher einlassen?

Wir feiern dieses Jahr kein Weihnachten. Hier hast du zwanzig Euro, um mit deiner Freundin ins Kino zu gehen.

8. Ihre Chefin möchte, dass Sie Überstunden machen, um ein unbeliebtes Projekt abzuschließen. Es muss schnell gehen, und die Chefin konnte nicht die Zustimmung des Betriebsrats abwarten und bittet Sie deshalb unter der Hand darum.
Wie reagieren Sie?

a) Bekomme ich dafür eine Überstundenvergütung, auch wenn der Betriebsrat nicht zugestimmt hat? Ich sehe es nicht ein, dass ich dabei einen Verlust mache.

b) Alles klar. Bis wann soll es geregelt sein?

c) Sie wissen, dass das problematisch ist, wenn wir den Betriebsrat umgehen, oder? Laut Arbeitsschutzgesetz Paragraf soundso ... (Es folgt ein langer Vortrag über das Arbeitsrecht).

d) Ich mache selbstverständlich Überstunden, wenn der Betriebsrat dem zugestimmt hat. Vorher nicht. Ich kenne meine Rechte.

e) Ihnen ist aber klar, dass wir die Grundfesten des Arbeitsrechts erschüttern und in die Zeiten kapitalistischer Ausbeutung zurückfallen, wenn wir jetzt den Betriebsrat umgehen? Ich glaube nicht, dass ich das mittragen kann, weil das ein falsches Zeichen setzen wird und ich mich dann an der Ausbeutung der Arbeiter mitschuldig mache.

f) Wenn Sie meinen, dass das notwendig ist, mache ich das. An mir soll ein wichtiger Auftrag nicht scheitern.

g) Ja, Sie haben völlig recht, Betriebsräte werden überbewertet. Ich mache das natürlich sehr gern, auch wenn sich die anderen hinter dem Arbeitsrecht verstecken. In Wirklichkeit sind die doch nur zu faul.

(h) Natürlich mache ich die Überstunden. Sie wissen doch, dass ich alles für die Firma tun werde. Immer und unter allen Umständen, selbst wenn ich mich damit bei allen anderen unbeliebt mache. Ich hoffe, Sie vergessen das nicht, und ich habe dafür was gut bei Ihnen.

(i) Tut mir leid, ich kann leider nicht, meine Mutter hat gerade angerufen, Oma ist beim Gardinenaufhängen von der Leiter gefallen und hat sich eine Oberschenkelhalsfraktur zugezogen. Ich muss jetzt dringend nach Hause.

(j) Ich verdrücke mich und schicke dann einen gelben Schein vom Arzt für die nächsten zwei Wochen.

9. **Sie haben im Auftrag eines Freundes eine Geburtstagsparty organisiert. Am Tag vorher ruft der Freund an und bittet Sie, alles abzusagen, weil er erkältet ist. Wie reagieren Sie?**

(a) Hast du Fieber? Nein? Weißt du, was ich denke? Du hast von Anfang an gar keine Lust gehabt. Deshalb hast du das auch nicht selbst organisiert, sondern einen Dummen wie mich gesucht!

(b) Hast du Fieber? Nein? Alles klar, dann gibt es für dich auch noch einen Salbeitee statt Kaffee, Halsbonbons und ein großes Paket Taschentücher.

(c) Warum willst du zu Hause bleiben, wenn du nicht mal Fieber hast? Ein banaler Schnupfen begründet doch nicht die Enttäuschung all deiner Gäste. Und für dein Immunsystem ist es doch prima, wenn du mit uns feierst und die Erkältung vergisst.

(d) Das ist doch nur wieder deine Übervorsicht! Seit dieser Corona-Krise glaubst du bei jedem Schnupfen, du stirbst. Dabei wissen wir beide doch ganz genau, dass ein Schnupfen kein Grund ist, zu Hause den sterbenden Schwan zu spielen. Du kommst gefälligst, und wenn ich dich selbst aus dem Bett zerren muss.

Oh, dann wünsche ich dir gute Besserung. Ich verstehe das natürlich völlig. Ich hoffe, deine anderen Freunde haben dafür auch so großes Verständnis und sind dann nicht enttäuscht von dir. Weißt du noch, wie viel Arbeit Hildegard in die Vorbereitungen gesteckt hat, obwohl sie gerade erst ihre Chemotherapie hinter sich gebracht hat, weil sie so gern noch eine große Feier mit dir haben wollte? Aber wenn es dir nicht gut geht, bleib ruhig zu Hause. Das ist dann eben Schicksal. Damit muss Hildegard dann leben.

Alles klar, ich schick eine Mail an alle Gäste, dass du krank bist und die Party ausfällt.

Sei ehrlich, eigentlich hast du gar keine Lust auf diese ganzen Typen, oder? Ich kann das verstehen, das sind ja alles ziemliche Hohlköpfe. Ich habe mich sowieso schon gefragt, warum du mit denen feiern wolltest. Keine Angst, ich werde alle anrufen und sagen, dass du wegen eines Schnupfens keine Lust hast.

Weißt du, dass ich schon seit Tagen trotz Halsschmerzen und Schnupfen alles für dich vorbereitet habe? Das war harte Arbeit, und du bist jetzt sogar zu faul, einfach nur vorbeizukommen und es zu genießen? Wenn ich so wäre wie du, dann hätte ich schon vor fünf Tagen alles hingeworfen, aber ich wollte ja, dass du eine schöne Feier hast. Und dann kommst du mir so. (Bricht in Tränen aus)

Pass mal auf, wenn du heute schon absagst, nimmst du doch allen die Freude. Was hältst du davon, wenn wir morgen einfach behaupten, du kämst später? Und wenn dann alle schon beim Feiern sind, kündige ich an, dass du krank bist, aber die Feier trotzdem auf deinen Wunsch hin weitergehen soll. Die Geschenke können wir dir ja später geben, aber die Torte soll ja nicht schlecht werden, oder?

(j) Okay, ich maile dir die Liste mit den Telefonnummern der Gäste, dann kannst du ihnen selbst absagen, mir ist das zu unangenehm.

10. Sie sind im Urlaub, und das Hotel wird gerade umgebaut, sodass Sie morgens um sieben schon mit Baulärm konfrontiert werden. Wie reagieren Sie?

(a) Ich verlange, dass man mir ein anderes Hotel zuweist. Eine Preisminderung akzeptiere ich nicht, weil ein ungestörter Urlaub nicht mit Geld aufzuwiegen ist.

(b) Ich sehe es positiv – wenn ich früh geweckt werde, bekomme ich am Strand den besten Platz und kann dort dann in Ruhe weiterschlafen.

(c) Ich fordere einen Preisnachlass um neunzig Prozent. Nach langem Feilschen einigen wir uns auf siebzig Prozent, was immer noch besser war als die angebotenen dreißig Prozent.

(d) Ich haue mit der Faust auf den Tisch und drohe mit Anwalt und schlechter Presse, wenn ich nicht zum Ausgleich für den halben Preis in die Fürstensuite gesteckt werde.

(e) Ich wende mich an den örtlichen Naturschutzbund, um herauszufinden, ob eine seltene Vogelart in der Nähe des Hotels brütet, die durch den Baulärm gestört werden könnte. Mit viel Glück finde ich eine und kann damit einen Baustopp bewirken, die Vogelwelt retten und außerdem einen ruhigen Urlaub genießen.

f) Ich trete mit anderen Gästen in Kontakt und schaue, ob wir gemeinsam irgendetwas erreichen können.

g) Ich erzähle dem Rezeptionisten, dass die Stimmung unter den anderen Gästen nicht gut ist. Ich könne natürlich gut verstehen, dass die Bauarbeiten voranschreiten müssten, aber es seien ja nicht alle Touristen so verständnisvoll wie ich, und es wäre besser, wenn das Hotelmanagement eine einvernehmliche Lösung fände, ehe es zu Unruhen käme.

h) Ich rufe jeden Morgen, wenn der Lärm losgeht, weinerlich bei der Hotelrezeption an und verlange, dass mir der Page Ohropax und Kopfschmerztabletten bringt.

i) Ich setze mich mit meinem Laptop demonstrativ in die Lobby und verwickle mit Notizblock in der Hand andere Hotelgäste ins Gespräch, wann immer mich das Personal sieht. Dabei lasse ich durchsickern, dass ich heimlicher Hoteltester bin und das Hotel vermutlich seine Sterne verlieren wird. Wenn ich meine Rolle gut genug spiele, hört der Baulärm für die Zeit meines Aufenthaltes auf, und ich bekomme zusätzlich ein paar Goodies aufs Zimmer.

j) Ich bin abends immer so lange unterwegs und genieße die Erzeugnisse der Cocktailbars,dass mich morgens ohnehin nichts aufwecken kann.

Auswertung des Tests

So, Sie haben den Test erfolgreich abgeschlossen und sind jetzt neugierig auf Ihr Ergebnis?

Bitte zählen Sie, wie oft Sie jeden einzelnen Buchstaben angekreuzt haben.

Haben Sie einen Buchstaben zwei- bis viermal angekreuzt, nutzen Sie die entsprechenden Verhaltensweisen regelmäßig, ohne dass sie Ihren Charakter dominieren.

Haben Sie einen Buchstaben fünfmal und häufiger angekreuzt, ist das Ihre dominierende Verhaltensweise im Alltag.

Haben Sie zwei verschiedene Buchstaben dreimal oder häufiger angekreuzt, sind Sie ein Mischtyp aus diesen beiden Charaktermerkmalen.

Haben Sie kein Merkmal häufiger als fünfmal gewählt, sind Sie ein Mischtyp aus allen Merkmalen, die Sie zwischen zwei- und viermal angekreuzt haben.

Wenn Sie jede Variante nur einmal angekreuzt haben, sind Sie eine gesunde Mischung aus allem. Je differenzierter Ihr Ergebnis ist, umso flexibler können Sie sich im Alltag auf verschiedene Situationen mit unterschiedlichen Verhaltensweisen einstellen.

Persönlichkeitstyp (a)

Wenn Sie übermäßig häufig Antwort (a) angekreuzt haben, tragen Sie die Züge eines Miesmachers in sich. Sie ärgern sich schnell, wenn etwas nicht nach Ihrem Willen geht, und fühlen sich schnell zurückgesetzt. Hier stellt sich jetzt die Frage, ob Sie eher den Typus des Miesepeters oder des Neidhammels verkörpern. Arbeiten Sie manchmal gern bewusst damit, anderen etwas schlechtzureden, um sich selbst besser zu fühlen oder Vorteile daraus zu ziehen? Dann überwiegt der Neidhammel.

Wenn Sie sich hingegen wirklich wahnsinnig ärgern und Ihnen nicht mal der Preisnachlass im Hotel die miese Laune verbessern kann, sondern Sie dazu bewegen wird, haufenweise einzelne Sterne auf den unterschiedlichsten Bewertungsportalen zu hinterlassen und dabei auch noch ausführlich zu erklären, was so schlecht war, dann sind Sie ein echter Miesepeter mit allen Vor- und Nachteilen, die diese Strategie im Umgang mit Ihren Mitmenschen mit sich bringt. Vermutlich sind Sie von Beruf im Beamtenverhältnis, wo Sie für Ihre Engstirnigkeit geschätzt werden. Vielleicht sind Sie auch in der Lokalpolitik tätig, wo man Sie für Ihren harten Umgang mit der politischen Konkurrenz schätzt. Auch Elternsprecherin könnte eine Tätigkeit sein, die Sie ausüben, wenn es darum geht, auf die Missstände im deutschen Bildungswesen hinzuweisen.

Tragen Sie eher die Züge des Neidhammels in sich, sind Sie beruflich flexibler, weil Sie sich nicht in Ihre negative Weltsicht verbeißen, sondern – sobald Sie das Objekt Ihrer Begierde erreicht haben – auch in der Lage sind, Ihren Blickwinkel zu verändern. Das ist der große Vorteil, den der Neidhammel dem Miesepeter gegenüber hat. Wenn es keinen Grund mehr zum Neid gibt, muss er auch nichts mehr miesmachen.

Im Umgang mit Ihren Mitmenschen sollten Sie jedoch

immer darauf achten, dass Sie es nicht übertreiben. Wenn Sie zu sehr nörgeln, stehen Sie bald im Abseits, und dann werden die Leute nur noch auf Sie zukommen, wenn sie etwas von Ihnen wollen. Das wird natürlich zweifelsfrei Ihre Weltsicht bestätigen. Liegt vielleicht daran, dass Sie nicht immer der angenehmste Zeitgenosse sind. Versuchen Sie deshalb einfach mal, zehn Sekunden tief durchzuatmen und zu schweigen, ehe Sie wieder einmal etwas miesmachen wollen, in der Hoffnung, dass Sie diesen Drang damit lang genug unterdrückt haben, um zu erkennen, dass Sie Ihrem Gegenüber völlig unnötig die Freude an etwas verderben würden. Probieren Sie doch mal aus, sich mit jemandem mitzufreuen – Sie werden merken, dass das tatsächlich Spaß machen kann.

Persönlichkeitstyp (b)

Hierbei handelt es sich um den übertriebenen Optimisten. Egal, was um Sie herum passiert, Sie lassen sich Ihre gute Laune nicht nehmen und haben immer eine Lösung für alle parat. Sie sind eine Stimmungskanone, wirken ausgleichend und zugleich voller Energie auf Ihre Umwelt. Sie tun alles dafür, dass die Stimmung gut bleibt, negative Gedanken sind Gift für Sie, und Sie bekämpfen sie mit allem, was Sie haben.

Allerdings müssen Sie aufpassen, dass Sie mit dieser Einstellung nicht zielsicher auf einen Burn-out zusteuern. Denn dadurch, dass Sie in allem immer nur das Positive sehen wollen, neigen Sie dazu, sich zu überlasten und sich Probleme aufzubürden, die Sie gar nicht hätten, wenn Sie von vornherein erst einmal nachdenken würden, bevor Sie Ja sagen. Zumal Sie auch nicht immer aus vollem Herzen zusagen, sondern weil Sie gelernt haben, dass man das von Ihnen erwartet.

Zählen Sie zu den Menschen, die den Persönlichkeitstyp (b) übermäßig häufig angekreuzt haben, ist es für Sie sehr wichtig zu hinterfragen, ob Sie etwas tun wollen, weil es Ihnen wirklich ein Herzensbedürfnis ist oder weil Sie es für Ihre Pflicht halten. Möglicherweise haben Sie auch einfach Angst vor den Konsequenzen, die auftreten, wenn Sie Nein sagen. Fürchten Sie Ablehnung durch Ihre Mitmenschen oder dass Sie von unangenehmen Gefühlen überschwemmt werden? Ist das Aushalten negativer Gefühle für Sie schwieriger, als die Sache einfach zu erledigen und vom Tisch zu haben? Dann gilt es abzuwägen – was kostet Sie mehr Energie und Kraft? Wichtig ist, dass Sie bei allem, was Sie tun, reflektieren, warum Sie es tun wollen. Nur dann können Sie aus dem reflexhaften Muster ausbrechen, sofort alle unangenehmen Gedanken auszublenden und sich selbst – und oft genug auch Ihr Umfeld, das ebenfalls mit den Folgen Ihres Handelns leben muss – zu überlasten.

Manchmal ist es auch wichtig, Grenzen zu ziehen, Nein zu sagen und sich nicht alles gefallen zu lassen, denn es gibt auch Dinge im Leben, die man nicht schönreden kann. Es ist auch wichtiger, zu trauern und einen Schmerz einfach mal anzunehmen, als ihn sofort wieder wegzuwischen, ohne dass die Wunde, die ihn verursachte, wirklich heilen konnte.

Persönlichkeitstyp (c)

Hierbei handelt es sich um den Missionar. Wenn Sie übermäßig häufig die Antwort (c) angekreuzt haben, haben Sie zu jedem Thema eine feste Meinung. Sie sind im Allgemeinen gut informiert und kennen die Quellen, auf die Sie sich beziehen. Sie können gut argumentieren und wollen Ihre Mitmenschen an Ihrem Wissen teilhaben lassen. Wissen geheim zu halten, um daraus Macht zu ziehen, ist Ihnen völlig fremd. Sie erklären gern etwas und haben eine Schwäche für Berufe in Lehre und Erziehung, denn dort können Sie Ihre Vorlieben gezielt ausleben.

Ihr Problem besteht darin, dass es Ihnen oft schwerfällt, die Perspektive zu wechseln. Da Sie immer davon überzeugt sind, das Richtige zu tun, weil Sie sich ja so umfassend informiert haben und über ein großes Wissen verfügen, fällt es Ihnen leichter, anderen sofort Fehler vorzuwerfen, als erst einmal neutral zuzuhören. Zuhören ist für Sie ohnehin ein Problem, weil Sie lieber selbst reden. Das rechtfertigen Sie für sich selbst damit, dass Sie eben auch viele wichtige Dinge zu sagen hätten und die Welt ein besserer Ort wäre, wenn alle auf Sie hören würden oder zumindest auf die Wissenschaftler, politischen oder religiösen Führer, die Sie selbst für unangreifbare Autoritäten halten.

Eine Person, die Sie als Kapazität anerkannt haben, infrage zu stellen, ist für Menschen wie Sie nicht der Auftakt zu einer interessanten Diskussion, sondern hat etwas von Blasphemie an sich. Sie geraten dann sofort in den Abwehrmechanismus der Gegenargumente und hören gar nicht mehr neutral zu, was Ihr Gegenüber sagt. Stattdessen filtern Sie jedes Wort danach, was Sie entgegnen sollen und wo Sie Ihrem Gegenüber einen Fehler nachweisen können. Dadurch werden Sie von anderen oft als Besserwisser wahrgenommen, den man lieber meiden sollte, weil eine Diskussion ohnehin überflüssig ist. Die Einzigen, denen Sie zuhören, sind jene, die Sie selbst als Autoritäten anerkannt haben. Wissenschaftliche oder religiöse Dispute auf Augenhöhe gibt es bei Ihnen nicht, Sie lieben Hierarchien, und meist stehen Sie auch recht weit oben auf Ihrer eigenen Hierarchie-Ebene, weil Sie Ihr Wissen und Ihre Überzeugungen als unantastbar erleben.

Sollten bestimmte Dinge sich im Nachhinein doch als anders darstellen und lange gehegte wissenschaftliche Überzeugungen widerlegt werden, zum Beispiel, dass die Erde nun doch keine Scheibe ist, sind Sie zunächst verwirrt. Wenn derjenige, der die neuen Erkenntnisse beisteuert, zu jenen Autoritäten gehört, die Sie akzeptieren, werden Sie auch Ihre Meinung nach langem Nachdenken anpassen. Bei manchen dauert es allerdings besonders lange, zumal es noch heute Leute geben soll, die glauben, dass die Erde eine Scheibe ist. Passen Sie gut auf, dass Sie nicht dazugehören, indem Sie auch einmal anderen aufmerksam zuhören, ohne dass Sie im Geiste sofort ihre eloquente Gegenrede formulieren. Zuhören ist das Zauberwort, aus dem auch Menschen wie Sie viel lernen können.

Persönlichkeitstyp (d)

Hierbei handelt es sich um den Fanatiker. Wenn Sie überwiegend Antwort (d) angekreuzt haben, sind Sie ein Mensch, der oft mit seiner Wut zu kämpfen hat. Vielleicht neigen Sie auch zu cholerischen Ausbrüchen. Vor allem dann, wenn jemand anderer Meinung ist. Sie können andere Meinungen nicht gut ertragen, weil Sie die stets als einen Angriff auf Ihre eigene Persönlichkeit sehen. Eine ergebnisoffene Diskussion auf Augenhöhe ist für Sie eine Zumutung, denn dann müssten Sie sich ja anhören, was die Idioten um Sie herum so denken, und sich mit deren Unsinn auch noch auseinandersetzen. Dabei wissen Sie ganz genau, was richtig und was falsch ist – jedenfalls sind Sie davon überzeugt. Wirklich wissen tun Sie es nämlich nicht. Deshalb werden Sie auch immer so schnell wütend und aufbrausend, wenn jemand eine andere Meinung vertritt. Tief in Ihrem Innersten fürchten Sie sich nämlich davor, dass jemand anders durch eine intelligente Argumentation Ihr Weltbild zertrümmert. Und ehe das passiert, zertrümmern Sie lieber den Angreifer. Sie wollen gar keine anderen Meinungen gelten lassen, und den Blickwinkel zu ändern, ist für Sie eine massive Bedrohung Ihres Selbstwertgefühls.

Besonders gern reiben Sie sich mit Leuten, die genauso ticken wie Sie selbst, aber einer anderen Meinung anhängen. Da können Sie dann schon mal in den Heiligen Krieg ziehen, um für Ihre Überzeugungen zu sterben – sowohl im übertragenen als auch im wörtlichen Sinn. Häufiger ist der übertragene Sinn. Sie gehören zu denen, die sich gern als Held feiern lassen würden, wenn Sie wegen nicht gezahlter GEZ-Gebühren ein halbes Jahr in Erzwingungshaft gehen, nur um für Ihre Prinzipien zu kämpfen. Dabei verlieren Sie oft die Kosten-Nutzen-Relation aus den Augen. Der Gegner muss bekämpft werden, koste es, was es wolle, notfalls auch die eigene wirtschaftliche Existenz oder gar das Leben. Wenn Sie das nächste Mal in einen derartigen Kampf eintreten, sollten Sie sich gut überlegen, warum Sie es tun. Ist es wirklich der Idealismus für die richtige Sache? Oder könnte vielleicht auch die Furcht dahinterstecken, dass Ihr Weltbild unwiederbringlich zusammenbricht, wenn Sie nicht dafür kämpfen, weil es ganz tief in Ihrem Innersten bereits die ersten Zweifel gibt? Und ehe Sie diese Zweifel ertragen wollen, sind Sie bereit, lieber unterzugehen? Sollte das so sein, versuchen Sie, sich einfach mal vorzustellen, was das Schlimmste wäre, was passieren könnte, wenn Sie Ihr Weltbild überdenken müssten. Ist die Anpassung an neue Gegebenheiten wirklich schlimmer als der vollständige Untergang?

Persönlichkeitstyp (e)

Hierbei handelt es sich um den Moralapostel. Sie haben gelernt, sich durchzusetzen, indem Sie den anderen ein schlechtes Gewissen bereiten. Sie übernehmen nur ungern die Verantwortung für Ihre eigenen Bedürfnisse, sondern müssen immer jemanden vorschieben, in dessen vermeintlichem Interesse Sie handeln. Denn ganz tief in Ihrem Innersten schämen Sie sich dafür, sich selbst mit eigenen, egoistischen Bedürfnissen in den Vordergrund zu schieben. Also müssen Sie zum Kämpfer für andere Menschen oder Ideologien avancieren – aber natürlich immer so, dass Ihr hehrer Moralanspruch stets deutlich erkennbar ist. Damit erreichen Sie gleich zwei Ziele – zum einen können Sie Ihre egoistischen Primärbedürfnisse tarnen und ungestraft ausleben, zum anderen bekommen Sie Anerkennung dafür, dass Sie so ein guter, edler Mensch sind. Außerdem wird Ihnen kaum einer widersprechen, weil er dann ja automatisch ein schlechter Mensch wäre.

Ein Problem bekommen Sie erst dann, wenn jemand Ihnen die Moralapostelmaske vom Gesicht reißt und offenbart, dass Sie eigentlich egoistische Ziele verfolgen. Deshalb müssen Sie sich auch immer sehr in Acht nehmen, wie Sie in der Öffentlichkeit auftreten, denn Menschen hassen es, wenn ihnen jemand ein schlechtes Gewissen macht. Sie wollen das Gegenüber dann gern als scheinheilig überführen. Und da Scheinheiligkeit Ihr privates Geschäftsmodell ist, bekommen Sie nicht nur Anerkennung für Ihren vermeintlichen Edelmut, sondern oftmals auch eine geballte Ladung Hass. Falls sich diese Ladung an Hass durch einen Shitstorm im Internet offenbart, hilft Ihnen das aber auch – Sie können sich nun aufgrund Ihrer hohen Moralvorstellung als Opfer generieren und werden selbstverständlich auch genügend Fans mobilisieren, die Sie unterstützen. Im echten Leben ist es schwieriger. Wenn Sie an Ihrem Arbeitsplatz erst mal als Moralapostel durchschaut wurden, wird Sie kaum noch einer ernst nehmen – selbst dann nicht, wenn es Ihnen ausnahmsweise mal wirklich ernst ist. Sie sind dann wegen Ihrer Unaufrichtigkeit als scheinheilig gebrandmarkt und können sich eigentlich nur noch einen neuen Job suchen.

Und so sind Sie ständig mit der Gratwanderung befasst, den Weg des vermeintlich geringsten Widerstandes durch manipulatives Verhalten zu gehen oder aber zu riskieren, dass man Sie durchschaut und Ihnen dann alles vor die Füße fällt. Ein Ausweg könnte darin bestehen, dass Sie einfach mal die Verantwortung für Ihre echten Bedürfnisse übernehmen und klar und deutlich artikulieren, was Sie selbst wollen, und nicht ständig andere vorschieben. Ein bisschen Ehrlichkeit in der Wahrnehmung der eigenen Bedürfnisse und diese auch offen zu vertreten, wird Ihnen guttun. Allerdings müssen Sie dann auch mit sachlichem Gegenwind rechnen und können Kritik nicht mehr damit abwehren, dass Ihr Gegenüber einfach nur ein unmoralischer Mensch ist. Sie müssen sich dann mit den Inhalten der Argumente auseinandersetzen.

Persönlichkeitstyp (f)

Sie sind der klassische Mitläufer und möchten nicht gern auffallen. In der Masse fühlen Sie sich am wohlsten, Sie rebellieren nicht gegen die Obrigkeiten, weil Sie keine Schwierigkeiten wollen. Manchmal merken Sie durchaus, dass etwas vielleicht nicht so ganz richtig ist, aber es ist Ihnen letztlich nicht wichtig genug, um dafür aufzustehen.

Aktivismus jeglicher Art ist Ihnen zuwider, Sie hätten es gern, wenn sich alle an die Regeln halten und keiner aus der Reihe tanzt. In einer heterogenen Gruppe orientieren

Sie sich gern an der Leitfigur und halten sich von Außenseitern fern, denn die bringen in Ihren Augen meist nur Ärger. Wenn Sie trotzdem mal in Schwierigkeiten geraten, versuchen Sie sich gern damit herauszureden, dass andere das doch auch tun und ein etwaiger Regelverstoß doch gar nicht so schlimm sei. Wenn Sie merken, dass sich die Spielregeln in Ihrer Gesellschaft ändern, passen Sie sich, so gut es geht, an, denn wie gesagt, Sie wollen ja nicht auffallen und auch keinen Ärger haben. Kampfgeist für irgendwelche Werte ist Ihnen lästig – Sie wollen in Ruhe gelassen werden und Ihr Leben genießen. Anstatt für Verbesserungen zu kämpfen, ziehen Sie sich lieber zurück und suchen sich eventuell lieber klammheimlich einen neuen Arbeitsplatz oder wandern aus, wenn Ihnen das Mitlaufen aus irgendeinem Grund unmöglich gemacht wird. Das könnte beispielsweise dann sein, wenn Sie plötzlich selbst aufgrund irgendwelcher Merkmale zur Gruppe der Außenseiter gehören und keine Chance haben, das irgendwie zu kaschieren, um wieder dazuzugehören.

Auf der einen Seite haben Sie mit Ihrem Lebensstil vermutlich die wenigsten Probleme in schwierigen Zeiten – Millionen Deutsche haben das sowohl in der NS-Zeit als auch in der DDR bewiesen. Den Mund halten und mitlaufen, dann passiert einem nichts. Allerdings kann man auf diese Weise auch nichts verändern, sondern man nimmt in Kauf, dass andere über das eigene Leben bestimmen. In Diktaturen ist das oft nicht zu ändern, aber im normalen Alltag unserer Tage sollten Sie sich überlegen, ob das Mitlaufen tatsächlich immer die beste Lösung ist oder ob es das Leben auf lange

Sicht nicht doch verbessern könnte, wenn man für Dinge, die einem insgeheim wichtig sind, aufsteht und den Mund aufmacht. Wer keine Risiken eingeht, wird auch nichts erreichen, sondern muss darauf hoffen, dass der Anführer des Schwarms, in dem man mitschwimmt, die richtigen Ziele verfolgt – und im Zweifelsfall muss man ihm dann in die Irre folgen, was letztlich viel schmerzhafter enden kann, als einmal den Rücken gerade zu machen und aufzustehen.

Persönlichkeitstyp (g)

Wenn Sie überwiegend (g) angekreuzt haben, sind Sie ein klassischer Nestbeschmutzer, das heißt, Sie sind der perfekte Denunziant, um sich davon Vorteile zu verschaffen – sei es beruflich als V-Mann oder Polizeispitzel (was noch ein gewisses Ansehen mit sich bringt, da hier echte Verbrechen aufgeklärt werden sollen), sei es, indem Sie Ihre Nachbarn auf die Einhaltung der Regeln hinweisen und der Polizei mit regelmäßigen Anrufen wegen Ruhestörung auf die Nerven gehen. Außerdem sind Sie perfekt darin, mit dem Finger auf das Fehlverhalten anderer zu zeigen – egal ob hier ein wirkliches Fehlverhalten vorliegt oder Sie es nur als solches wahrnehmen, um sich selbst als edlen Menschen zu generieren, dem nichts an Ungerechtigkeiten entgeht.

Dass es Menschen gibt, die dieses Verhalten unerträglich finden, ist Ihnen ein Rätsel, schließlich wäre diese Welt doch viel besser, wenn alle die Schuld zunächst in ihrem Umfeld suchen würden und dafür Buße täten. Dabei schießen Sie allerdings oft über das Ziel hinaus und führen Ihren Kampf um Gerechtigkeit und Sühne oft ins Absurde, indem Sie Fehler und Schuld suchen, wo es gar keine gibt oder ein paar freundliche Worte jedes Missverständnis aufklären könnten. Sie hingegen lieben es, diese Missverständnisse weiter voranzutreiben, denn je mehr bösartiges Verhalten Sie bei anderen Menschen scheinbar selbstlos aufdecken und sich selbst auch nur deshalb ausnehmen, weil Sie es ja aufgedeckt haben, umso besser fühlen Sie sich. Mit Sicherheit sind Sie im Kindergarten oder der Grundschule schon mal als Petze beschimpft worden, aber das machte Ihnen nichts aus, denn als Petze sehen Sie sich nicht, sondern als Vorkämpfer für das Recht.

Allerdings sollten Sie sich darüber im Klaren sein, dass Sie auf diese Weise nicht zu einer gerechteren Welt beitragen, sondern Ihre stete Anklage und immer nur das Schlechte in den Menschen sehen zu wollen zu einer Spaltung der Gesellschaft beitragen und Versöhnung unmöglich machen. Vielleicht sollten Sie beim nächsten Mal, wenn Sie glauben, wieder eine bösartige Tat aufgedeckt zu haben, zweimal darüber nachdenken, ob Sie wirklich alle Hintergründe kennen, ehe sie lauthals Konsequenzen fordern oder einen Shitstorm lostreten. Denn wenn die Erde erst mal verbrannt ist, sind Verständigung und Versöhnung nur noch schwer erreichbar, wenn nicht gar unmöglich.

Persönlichkeitstyp (h)

Sie sind der klassische Märtyrer. Sie genießen es, für Ihr Leiden, das Sie auf sich nehmen, bewundert zu werden.

Allerdings muss das Leiden erträglich oder am besten gar nicht vorhanden sein. Ihr Lebensmotto könnte auch «Lerne klagen, ohne zu leiden» lauten. Die Klage über all das, was Sie auf sich nehmen, genügt schon, um Mitleid oder gar Bewunderung zu erzielen. Zumindest so lange, bis jemand Ihre Masche durchschaut und erkennt, dass Sie gar nicht leiden, sondern aus der Klage über angebliches Leiden ihre Lebensphilosophie gemacht haben, um Zuwendung zu bekommen.

Falls das passiert, kann sich die Situation sehr schnell umkehren, und anstatt Zuwendung zu erhalten, ernten Sie nur noch Spott. Das ist besonders bitter, falls Sie irgendwann tatsächlich mal in eine Situation geraten, in der es Ihnen wirklich schlecht geht und Sie dringend Hilfe brauchen. Unter Umständen haben Sie es mit Ihrem Märtyrertum und dem Klagen ohne zu leiden, so sehr übertrieben, dass Ihnen jetzt keiner mehr glaubt. Das wiederum wird Sie in Ihrer Selbstüberzeugung bestätigen, dass alle immer nur etwas von Ihnen wollen, aber wenn es Ihnen selbst mal so richtig schlecht geht, ist keiner mehr für Sie da. Dass Sie selbst es anderen ausgesprochen schwer machen, von Ihnen Hilfe anzunehmen, weil Sie immer sehr deutlich machen, was für ein großes Opfer auf Kosten Ihrer eigenen Gesundheit Sie bringen, vergessen Sie allerdings sehr schnell. In Ihren eigenen Augen sind Sie eine ausgesprochen fürsorgliche Person, die bis zur Selbstaufgabe gibt, aber rein gar nichts dafür zurückbekommt. Vermutlich arbeiten Sie auch in einem Beruf, in dem man ein Helfersyndrom ausleben kann. Klassische Berufe wären in der Pflege oder als Sozialpädagogin oder Psychologe. Als Ärztin findet man Sie allerdings eher selten, weil Ärzte schon während des Studiums lernen müssen, sich abzugrenzen, da sie den ganzen Wust, den sie für ihre Prüfungen auswendig lernen müssen, sonst gar nicht bewältigen können. Und da der Arzt schon durch seinen Berufsstand selbst Ansehen genießt, hat er es nicht nötig, sich als Märtyrer zu geben – Gott muss kein Märtyrer sein, er ist schließlich der Chef der Märtyrer.

Ihr Hauptproblem besteht vermutlich darin, dass Sie schlichtweg Angst haben, man würde Sie überfordern und ausbeuten, wenn Sie nicht von Anfang an deutlich machen, welch großes Opfer Sie bringen. Bevor Sie also das nächste Mal wieder jammern und klagen, sollten Sie sich überlegen, ob Sie dazu wirklich einen Grund haben. Und wenn der einzige Grund darin besteht, dass Sie keine Lust haben, die Gefälligkeit zu übernehmen, um die man Sie gebeten hat, wäre es vielleicht mal einen Versuch wert, offen und ehrlich zu sagen, warum Sie keine Lust haben, anstatt es zähneknirschend und unter Aufzählung aller Leiden, die damit verbunden sind, doch zu tun.

Persönlichkeitstyp (i)

Sie sind der klassische Märchenerzähler. Sie hören sich selbst gern reden und wissen zu allem die passende Geschichte. Dabei sind Sie in der Lage, sich aus den kuriosesten Situationen herauszureden. Vermutlich würden Sie noch dem Teufel die Hölle abschwatzen und ihn dann vor die Tür setzen.

Wenn Sie einfach nur gern Geschichten erzählen, um die

Leute zu unterhalten, ohne sich davon einen anderen Vorteil zu versprechen, als interessant für Ihre Mitmenschen zu sein, sind Sie vermutlich eine gut angesehene Persönlichkeit in Ihrem Umfeld. Sie gehen möglicherweise einem kreativen Beruf nach, sind Schriftsteller oder Drehbuchautorin, Malerin oder im Vertrieb tätig – sei es als Marktschreier oder Gebrauchtwagenhändler. Möglicherweise engagieren Sie sich auch politisch oder schreiben die Reden für bekannte Politiker.

Wenn Sie Ihr Talent hingegen nutzen, um sich selbst Vorteile zu verschaffen, arbeiten Sie vermutlich eher als Anlageberater, Rechtsanwalt oder Betrüger. Vor allem bei den letztgenannten Berufen sieht man, wie nahe sich Recht und Unrecht gerade beim Märchenerzähler stehen. Der Märchenerzähler hat die Fähigkeit, alles zu erreichen, weil er sich alles im Kopf ausmalen und dann überzeugend vertreten kann. Ob er aber letztlich auf der Position, die er auf diese Weise erreicht hat, erfolgreich ist oder nicht, hängt davon ab, wie viel Realismus in seinen Erzählungen vorhanden ist. Je mehr die Fantasie mit dem Märchenerzähler durchgeht, umso tiefer wird der Fall nach einem kometenhaften Aufstieg sein. Aus diesem Grund machen die Aufschneider unter den Märchenerzählern zwar zunächst schnell Karriere, aber falls sie irgendwann an Positionen kommen, wo auch Taten verlangt werden, hängt es davon ab, wie gut sie sich herausreden können. Falls Sie selbst zu den Aufschneidern gehören und in einer Behörde arbeiten, müssen Sie sich keine Sorgen machen. Hier können Sie ein ungestörtes Leben bis zur Pensionierung führen, denn sollte jemand auf die Idee kommen,

Ihre Aufschneiderei zu hinterfragen, machen Sie einfach Dienst nach Vorschrift und sitzen jegliche Kritik aus.

Arbeiten Sie in der freien Wirtschaft und wurden Sie als Aufschneider enttarnt, sollten Sie versuchen, noch ein gutes Arbeitszeugnis herauszuhandeln und damit dann bei einem Staatsbetrieb anzufangen. Alternativ könnten Sie auch ein paar Märchen über den Lebenswandel Ihres Chefs in Umlauf bringen – falls Sie nicht fristlos entlassen werden, können Sie davon ausgehen, dass Sie auch hier ein glückliches Leben bis zur Rente führen können.

Persönlichkeitstyp (j)

Bei diesem Typen handelt es sich um den Feigling. Wenn Sie übermäßig häufig Antwort (j) angekreuzt haben, sind Sie jemand, der gern Konflikte vermeidet und Schwierigkeiten aus dem Weg geht. Sie wollen dabei letztlich niemandem schaden, sondern es geht Ihnen vor allem darum, die eigene Haut zu retten oder möglichst wenige Nachteile zu haben. Wenn Sie ein Vermeider sind und alles aussitzen, haben Sie vielleicht schon wiederholt erlebt, wie es ist, wenn all das, was man so lange erfolgreich von sich weggeschoben hat, einen plötzlich mit Macht einholt. Und meist gerade dann, wenn man es am wenigsten gebrauchen kann.

Wenn Sie zu jenen gehören, die Ihrem Stromanbieter keine Einzugsermächtigung gegeben haben, weil Sie denken, die schicken ja ohnehin erst mal eine Mahnung, und Sie zahlen nur dann, wenn Sie das Geld auch übrig haben, sollten Sie sich nicht wundern, wenn Ihnen plötzlich der Strom abgestellt wird. Aber in so einem Fall können Sie ja immer noch die Karte des Berufsopfers ziehen – der böse Stromanbieter stellt einem armen Rentner einfach den Strom ab, weil der im Krankenhaus nach einer Herzoperation keine Zeit hatte, die Rechnung zu begleichen. Sofort ist Ihnen das Mitleid aller gewiss, und Ihre eigenen Versäumnisse sind plötzlich irrelevant. Allerdings können Sie mit Mitleid allein keine Elektrogeräte betreiben und egal, wie viele Reporter über Ihre traurige Geschichte schreiben – bis der Strom wieder angestellt wird, müssen Sie nun mit den Konsequenzen Ihrer Vermeidung leben.

Flucht und Vermeidung können manchmal von Vorteil sein und sind lebenswichtige Strategien in der Evolution der Menschheit gewesen. Aber nur in Verbindung mit der notwendigen Tatkraft, sich nach einer kurzen Flucht wieder den eigentlichen Problemen zu stellen. Doch das tun Sie nur sehr ungern. Sie nutzen die Verschnaufpausen durch eine erfolgreiche Flucht nicht, um eine Strategie der Lebensbewältigung zu entwickeln, sondern Sie laufen dem Leben dauerhaft davon. Das Blöde ist nur, dass die Probleme und Sorgen ebenfalls lange Beine haben und dazu neigen, Sie über kurz oder lang wieder einzuholen, sodass Sie sich ihnen ausgerechnet dann stellen müssen, wenn Sie dazu am wenigsten in der Lage sind.

Deshalb sollten Sie nach jeder erfolgreichen Flucht, sobald Sie vorläufig in Sicherheit sind, erst einmal tief durchatmen und nachdenken, wie Sie das Grundproblem, vor dem Sie zunächst davongelaufen sind, dauerhaft lösen können.

DIE BESTEN STRATEGIEN
IM UMGANG MIT SCHWIERIGEN
ZEITGENOSSEN

Nachdem Sie sich einen Überblick über die verschiedenen Typen schwieriger Zeitgenossen verschaffen und mögliche eigene Anteile durch den Test erkennen konnten, gilt es nun, den richtigen Umgang mit jedem einzelnen Typus zu finden. Wenn wir unser Gegenüber nicht bekämpfen wollen, weil wir damit nur die Fronten verhärten, sondern einen Konsens suchen, ist es wichtig, sich zunächst über sein Defizit klar zu werden und darüber, warum der entsprechende Mensch so und nicht anders reagiert. Wenn jemand beispielsweise niemals Anerkennung bekommen hat und sich deshalb hinter seinem Verhalten verschanzt, um nicht erneut entwertet oder verletzt zu werden, hilft es, ihn in der Diskussion nicht erneut zu verletzen, sondern ihm Anerkennung zu geben. Das bedeutet nicht, dass man seine Meinung teilen muss, im Gegenteil. Aber es kann schon sehr helfen, wenn man erst einmal klarstellt, dass man seine Meinung und auch seine Argumentation respektiert. Eine gute Einleitung wäre beispielsweise: «Ich kann gut verstehen, dass du das aus den und den Gründen so siehst. Ich habe allerdings andere Erfahrungen gemacht, denn ...» Damit wird deutlich, dass man keinen Kampf sucht, sondern einen Austausch auf Augenhöhe. Völlig falsch wäre die Einleitung: «Aus eigener Erfahrung kann ich nur sagen, dass du Quatsch redest!» Leider hat sich gerade diese zweite Form sowohl in sozialen Netzwerken als auch in der Presse und bei Politikern oder artverwandten Wesen durchgesetzt. Gerade während ich diese Zeilen schreibe, gibt es in der Presse wieder ein schönes Beispiel für Entwertung von höchster Stelle. So hat sich der Fußballspieler Joshua Kimmich dazu geäußert, warum er sich nicht gegen Covid-19 impfen lassen will, und das aus seiner Sicht begründet. Man mag darüber denken, wie man will, aber auffällig ist, dass er sofort auch von renommierten Journalisten oder Politikern entwertet wird. So heißt es, er verstehe wohl was vom Fußball, aber nichts vom Impfen, und seine Argumente seien «hanebüchen». Es wird behauptet, das Bild eines rational denkenden Fußballspielers erhalte «Risse».

Hier stellt sich die Frage, warum die Medien und selbst Fachleute in diesem Fall so aggressiv entwertend reagieren und was sie sich davon erhoffen. Warum ist es nicht möglich, Joshua Kimmichs Meinung erst einmal als das zu respektieren, was sie ist? Eine Meinung. Und die muss man nicht sofort entwerten, sondern wenn man anderer Meinung ist, kann man das sachlich begründen. Es wäre völlig ausreichend, ohne aggressive Entwertung zu sagen: «Ich *respektiere*, dass er sich Sorgen macht. Aber *folgende wissenschaftlichen Studien* haben ergeben, dass … und deshalb sind diese Sorgen *aus meiner Sicht* unbegründet.»

Wichtig ist hierbei, zunächst den Respekt für die Meinung des anderen zu bekunden, ohne ihm recht zu geben. Dann wird das eigene Argument benannt. Und dann sollte man hinzufügen, dass es aus der eigenen Sicht heraus richtig ist. Nicht als Absolutheitsanspruch.

Es ist entscheidend, in einer Diskussion dem Gegenüber das Gesicht zu lassen, wenn man an einer gemeinsamen konstruktiven Lösung interessiert ist. Wenn man sich hingegen im Krieg wähnt und den Gegner vernichten will, darf man ihn natürlich massiv entwerten und moralisch töten. Ob das allerdings wirklich zielführend ist, sei dahingestellt. Man sieht es aktuell in der massiven Spaltung der Gesellschaft, in der sich pseudoreligiöse Impfverweigerer und Impfmissionare bekämpfen und sich jede Gruppe gegenseitig Covid-19 und die Intensivstation an den Hals wünscht, nur um recht zu behalten.

Dabei wäre es gerade jetzt so wichtig wie nie zuvor, Impfskeptiker durch Fakten vom Nutzen einer Impfung zu überzeugen und, wenn sie trotzdem weiterhin Angst haben, wenigstens zum Einhalten der Hygienemaßnahmen zu animieren.

Allerdings überzeugt man niemanden, wenn man ihn moralisch vernichtet, sondern weckt dann nur Gegenaggressionen und Trotzreaktionen, die im schlimmsten Fall dazu führen, dass Impfgegner, wie im Herbst 2021 in Sachsen geschehen, keine Abstandsregeln mehr einhalten, sondern stattdessen eine Polonaise tanzen und dazu jubeln, sie seien die längste Infektionskette Deutschlands ...

Daran kann man sehr deutlich sehen, dass Entwertung und Beschimpfung nur zu noch mehr idiotischem Verhalten führen und überhaupt nichts nützen, um Menschen zu einer anderen Handlungsweise zu bewegen – ganz im Gegenteil.

Im Folgenden werden deshalb Umgangsbeispiele zu jedem der im ersten Teil vorgestellten Persönlichkeitstypen dargestellt, die natürlich nicht komplett auf den Alltag übertragbar sind, aber zumindest zum Nachdenken anregen sollten. Dabei sollte man sich noch eines weiteren Punktes bewusst sein: Wenn man in einer Gruppe diskutiert und ein unbelehrbares Gegenüber hat, sollte man trotzdem die Contenance wahren – denn selbst wenn man sein unbelehrbares Gegenüber nicht erreichen kann, so kann man dennoch positiv auf die Zuhörer einwirken. Am Ende geht es nicht nur darum, eine Person zu überzeugen, sondern für die gesamte Gruppe die überzeugenderen Argumente oder das bessere Auftreten zu haben. Und da wirkt derjenige seriöser, der auf plumpe Pöbelei und Entwertung verzichtet. Eine gute Strategie, wenn man dann selbst entwertet und angepöbelt wird, ist die sofortige ruhige, gelassene Konfrontation. Fragen wie «Warum werden Sie jetzt so ausfallend? Habe ich Ihren wunden Punkt getroffen?» spiegeln nicht nur dem Gegenüber, sondern auch den übrigen Zuhörern, was hier los ist. Das funktioniert aber nur, wenn man selbst ruhig und gelassen bleibt und nicht ins Zurückpöbeln verfällt. Denn genau das wollen diese schwierigen Zeitgenossen – sie wollen, dass Sie Ihre Beherrschung verlieren, damit sie Sie am Nasenring durch die Manege führen können. Also treten Sie dem Möchtegern-Dompteur nicht als Kamel entgegen, sondern lieber als Zirkusdirektor.

Der richtige Umgang
mit dem Miesmacher

Im Umgang mit dem Miesmacher ist es wichtig, zunächst herauszufinden, ob er eine Miesepetra oder ein Neidhammel ist, denn bei beiden sind die Umgangsstrategien unterschiedlich. Ein kleiner Test hilft: Fragen Sie einfach beiläufig, ob sie sich freut, wenn sie einen Preisnachlass im Laden bekommt, falls sie einen Webfehler im Pullover entdeckt hat. Sagt sie Nein, ist sie eine Miesepetra, sagt sie Ja, ist sie entweder eine Neidzicke oder gar keine Miesmacherin.

Das Problem der Miesepetra besteht darin, dass sie nicht einmal sich selbst etwas recht machen kann und immer nach Fehlern sucht. Deshalb ist es im Kontakt mit der Miesepetra wichtig, von der direkten Sachebene – beispielsweise einem Webfehler im Pullover – auf die Metaebene zu wechseln. Dabei könnte dann folgender Dialog entstehen:

«Warum ärgert dich dieser Webfehler so?»

«Weil ich keine beschädigte Kleidung tragen will, wenn ich schon so viel Geld dafür ausgebe.»

«Aber warum bist du dann nicht zufrieden, wenn du einen Rabatt bekommst?»

«Weil ich überhaupt nicht mit beschädigter Kleidung herumlaufen will.»

«Aber den Fehler sieht man doch nur, wenn man es weiß. Wenn du niemanden darauf hinweist, wird es keiner bemerken.»

«Aber wenn es jemand sieht, was sollen die dann von mir
denken?»

«Was glaubst du denn, werden die von dir denken?»

An diesem Punkt im Dialog, den man in der Psychotherapie
auch als sokratischen Dialog bezeichnet, bekommt das Gegenüber nun die Möglichkeit, selbst zu reflektieren, wovor es
sich eigentlich fürchtet und wofür der Perfektionismus des
Miesepeters steht. Die Antworten können ganz unterschiedlich ausfallen, von einem abwehrenden: «Nichts, aber das ist
einfach nicht schön» als Zeichen der Abwehr bis hin zu einer
kompletten Offenlegung der Gemütslage. Wenn man sich
die Zeit für einen sokratischen Dialog im Umgang mit der
Miesepetra oder ihrem männlichen Gegenstück Miesepeter
nimmt, sollte man auch viel Geduld mitbringen. Man wird
die Miesepetra zwar nicht davon heilen können, aber man
kann ihr bewusst machen, wie ihr Verhalten auf andere
wirkt und dass ihre Ängste, was schlimmstenfalls passieren
könnte, zumindest im Umgang mit Ihnen als ihrem Gegenüber unbegründet sind. Dadurch kann man Vertrauen stärken und in künftigen Situationen, wo die Miesepetra wieder
zum Tragen kommt, anführen: «Hast du Sorge, jemand könne dich für (hier die größte Sorge der Miesepetra einfügen)
halten?» Dadurch verschafft man Miesepetra Zeit zum Nachdenken, zum Reflektieren und gibt ihr die Möglichkeit, eine
neue Entscheidung fern von ihren alten Verhaltensmustern
zu treffen. Das funktioniert natürlich nur dann, wenn man
mit der Miesepetra eine vertrauensvolle Beziehung pflegt.

Bei fremden Miesepetern muss man etwas distanzierter sein. Hier helfen Bemerkungen wie: «Ich habe den Eindruck, dass es eigentlich gar nicht um den Webfehler im Pullover geht.»

«Worum soll es denn sonst gehen?»

«Was meinen Sie? So ein harmloser Webfehler kann doch nicht der Grund dafür sein, dass ein intelligenter Mensch wie Sie sich so sehr aufregt. Ich glaube, das ist nur der Anlass.»

Im schlimmsten Fall werden Sie als Besserwisser beschimpft, im besten Fall kommt man über die Dinge ins Gespräch, die den Miesepeter wirklich belasten.

Lassen Sie sich auf keinen Fall abschrecken, wenn der Miesepeter in eine Abwehrhaltung geht. Nicht jeder ist dazu bereit, sich anderen zu öffnen. Sollte der Miesepeter ausweichend reagieren, respektieren Sie das. Antworten Sie dann freundlich: «Okay, ich dachte einfach nur, es könnte noch andere Gründe geben.» Und dann nichts mehr. Dann kann der Miesepeter sich überlegen, ob er diese neutrale Aussage nutzt, um doch noch etwas hinzuzufügen, oder aber das Thema gleich wechselt. Da der Miesepeter sich seines Verhaltens nicht bewusst ist, können ihm derartige Fragen, die ihn zum Reflektieren anregen, weiterhelfen. Wichtig ist, dass Sie ihm keinesfalls Gedankengänge aufzwingen, denn damit erreichen Sie das Gegenteil dessen, was Sie wollen. Der Miesepeter muss selbst auf die für ihn richtigen Antworten zu den gestellten Fragen kommen.

Anders sieht der Umgang mit dem Neidhammel aus. Stellen wir uns eine Situation vor, in der ein Neidhammel etwas schlechtmacht, an dem Sie sich bis dahin sehr erfreut haben.

Eine gute Frage wäre: «Warum freust du dich nicht mit mir, sondern zählst gleich alles auf, was geeignet ist, mir die Freude zu verderben?»

Stellen Sie diese Frage neutral und interessiert, auf keinen Fall mit einem gereizten Unterton. Der Tonfall Ihrer Stimme ist sehr wichtig. Wenn Sie aufrichtig interessiert oder gar erstaunt klingen, kann sich der Neidhammel nicht in die Gegenaggression flüchten, in die er sofort gehen würde, wenn er Aggression in Ihrer Stimme spürt. Erstauntes Nachfragen wird ihn verunsichern. Und da es ja sein Ziel ist, Ihnen Dinge zu verleiden, um davon selbst Vorteile zu haben, kann er natürlich keine ehrliche Antwort geben. Er wird also versuchen, sich herauszureden. Beispielsweise wird er sagen: «Ich wollte dich nur vor einer Enttäuschung bewahren, weil jeder weiß, dass diese Sachen nicht haltbar sind und schnell kaputtgehen.»

«Aber du bewahrst mich nicht vor einer Enttäuschung, wenn du mir jetzt alles Schlechte aufzählst», wäre eine gute Antwortmöglichkeit. Und dann könnte man fortfahren: «Magst du dich nicht lieber mit mir freuen, solange die Sache hält?»

Mit einer solchen Frage sind Sie dann wieder auf freundliche Weise ins Zentrum des Erlebens des Neidhammels eingedrungen. Eigentlich will er sich ja gar nicht mitfreuen, weil er Sie beneidet. Aber das kann er wiederum nicht offen zugeben. Also wird er vermutlich den Mund halten und lieber das Thema wechseln, weil er gemerkt hat, dass Sie ihn durchschauen. Und Sie haben dann erst mal Ihre Ruhe, weil er Ihre Sachen nicht weiter schlechtredet.

Sollte er jedoch penetrant und aggressiv weiterhin alles schlechtreden und Sie damit nerven, sagen Sie in freundlichem Ton: «Wenn man dich so reden hört, könnte man glauben, du bist neidisch.»

Damit legen Sie den Finger in die Wunde, aber Sie lassen ihm die Möglichkeit, das Gesicht zu wahren, indem Sie ihm nichts unterstellen, sondern es lediglich als Möglichkeit hinstellen. Entweder wird er nun den Mund halten oder es vehement abstreiten. Lassen Sie sich aber auf keine weitere Diskussion mehr ein, sondern sagen Sie nun von sich aus offensiv und mit fester, bestimmter Stimme: «Gut, ich habe es verstanden. Nun lass uns das Thema wechseln.» Damit machen Sie ihm klar, dass Sie ihn durchschaut haben, aber keinen Streit wollen. Falls er noch weiter insistiert und Sie nervt, ist nun der Zeitpunkt gekommen, an dem Sie sich entweder zurückziehen sollten oder sich voller Lust auf den von ihm provozierten Streit einlassen dürfen. Denn manchmal ist es unmöglich, einem Streit aus dem Weg zu gehen. Aber immerhin haben Sie alles versucht, um die Situation zu deeskalieren, und es sich deshalb redlich verdient, selbst die Sau rauslassen zu dürfen.

Der richtige Umgang
mit dem übertriebenen Optimisten

Der übertriebene Optimist ist im Prinzip ein netter Zeitgenosse, sofern er nicht von anderen verlangt, seinen übertriebenen und teilweise unangebrachten Optimismus zu teilen. Weil der übertriebene Optimist es niemals böse meint, sondern einfach nur negative Gefühle vermeiden will, sollten Sie ihm keinesfalls aggressiv gegenübertreten. Da Aggressionen negative Gefühle auslösen, wird er auf Ihr aggressives Verhalten nur mit umso mehr optimistischem Aktionismus und vermeintlichen Lösungsvorschlägen reagieren.

Sollten Sie mit einer übertriebenen Optimistin verheiratet sein und wütend werden, weil Sie sich über Dinge ärgern und die in einem wütenden Ton ansprechen, dürfen Sie sich nicht wundern, wenn es zu keinem reinigenden Gewitter kommt, sondern Ihre Frau Sie beide umgehend bei einer Paartherapie anmeldet. Das kann zwar durchaus von Vorteil sein, weil Ihre Frau dabei auch ihre eigenen problematischen Verhaltensweisen gespiegelt bekommen könnte, aber sicher ist das nicht. Denn Sie können davon ausgehen, dass die übertriebene Optimistin sich liebend gern in die Therapie bei einem anderen übertriebenen Optimisten begeben wird. Sollte das passieren, dann werden sowohl Ihre Frau als auch die Therapeutin (meist sind das auch Frauen, die mit einem optimistischen Helfersyndrom arbeiten) gemeinsam versuchen, Ihnen klarzumachen, warum Sie Ihre Aggressionen beherrschen müssen. Und statt sich nur mit Ihrer Ehefrau herumschlagen zu dürfen, haben Sie gleich auch noch die Therapeutin am Hacken ...

Also bewahren Sie Ruhe und geben Sie dem übertriebenen Optimisten das, was er möchte – gute Gefühle. Wenn Sie sich im Umgang mit dem übertriebenen Optimisten schlecht fühlen, sprechen Sie das ganz offen an: «Du, ich fühle mich gerade richtig schlecht, denn das (hier das beliebige Thema einfügen) belastet mich sehr stark.» Wichtig ist, dass Sie mit diesem Satz nicht aufhören, denn dann würden Sie den übertriebenen Optimisten nur wieder dazu anstacheln, für Sie die Lösungen zu finden. An diesem Punkt müssen Sie verklausuliert ansprechen, was Sie genau brauchen, damit der übertriebene Optimist es Ihnen geben kann – und dann fühlen Sie sich beide besser.

Falls es Sie nervt, dass der übertriebene Optimist eine Katzenauffangstation in Ihrer gemeinsamen Wohnung etabliert hat und die Katzen ständig in Ihrem Bett liegen, sodass Sie keinen Platz mehr haben, sprechen Sie es an. «Ich fühle mich nicht gut mit den ganzen Katzen im Schlafzimmer. Ich kann gut verstehen, dass du dich um die Tiere kümmern willst, aber wenn du das auch in unserem Schlafzimmer tust, fühle ich mich schlecht. Lass uns die Katzenhaltung bitte auf die beiden leeren Zimmer im Erdgeschoss beschränken.»

«Aber die armen Maunzen sind dann traurig, die wollen doch überall hin.»

«Wenn die armen Maunzen alle Zimmer beherrschen und ich keines mehr für mich habe, bin ich aber traurig. Deine Maunzen werden es respektieren, wenn diese Tür künftig zu ist.»

«Aber dann miauen sie so kläglich, das kann ich gar nicht mitanhören.»

«Und dass es mir damit nicht gut geht, ist dir egal?»

An dem Punkt kann es sein, dass der übertriebene Optimist begreift, wie es Ihnen geht, und Ihrer Lösung zustimmt. Es kann aber auch sein, dass er Ihre Gefühle bagatellisiert und sagt, Sie sollen sich nicht so anstellen. An dem Punkt dürfen Sie nun auch mal schlechte Gefühle beim übertriebenen Optimisten erzeugen, damit ihm bewusst wird, dass Ihre Bedürfnisse ebenfalls wichtig sind. Sagen Sie ihm, dass Sie menschlich zutiefst enttäuscht sind, weil Ihre Gefühle nicht ernst genommen werden und Sie den Eindruck haben, Sie bedeuten ihm nichts. Wenn der übertriebene Optimist weiter bagatellisiert, brechen Sie entweder in Tränen aus – und zwar lauter, als jede Katze maunzen kann – oder stellen Sie Ihre Partnerschaft infrage. Darunter funktioniert es bei einem bagatellisierenden übertriebenen Optimisten nicht. Er muss spüren, dass es Ihnen wirklich ernst ist und er selbst dadurch negative Gefühle riskiert. Sagen Sie aber nicht: «Die Katzen oder ich», denn das wäre Erpressung, und dann wird sich der übertriebene Optimist eher für die Katzen entscheiden. Sagen Sie lieber: «Wenn unsere Beziehung eine Zukunft haben soll, erwarte ich, dass ich dir genauso viel wie die Katzen bedeute.» Damit erzeugen Sie beim übertriebenen Optimisten schlechte Gefühle, weil er sich nun schämt, dass er die Katzen Ihnen gegenüber bevorzugt hat. Sollte der übertriebene Optimist Ihnen jedoch sagen, dass die Katzen nun mal wichtiger sind, ist das ein Hinweis darauf, dass Ihre Beziehung schon seit Langem kaputt ist und Sie sich lieber trennen sollten. Aus reiner Bequemlichkeit wurde es bislang nur nie angesprochen, aber jetzt ist der übertriebene Optimist gezwungen, Farbe zu bekennen – und falls es ihm weniger negative Gefühle macht, Sie vor die Tür zu setzen als die Katzen, ist das ein untrüglicher Beweis, dass die Scheidung längst überfällig ist. Da hilft dann auch keine Paartherapie mehr.

Im Alltag ist es im Umgang mit dem übertriebenen Optimisten wichtig, dass man selbst immer als Erster die Lösungen vorschlägt, weil viele Problemlösungsvorschläge von übertriebenen Optimisten unbrauchbar sind. Andererseits ist der übertriebene Optimist durchaus kompromissbereit, und wenn man von ihm nichts Unzumutbares verlangt, lässt er sich sehr schnell auf Ihre Vorschläge ein, wenn er dadurch die Harmonie wiederherstellen und Konflikte bereinigen kann.

Der Umgang mit dem übertriebenen Optimisten erfordert also etwas Kreativität und eine Rückbesinnung auf sich selbst. Man muss ihm deutlich sagen, dass man selbst negative Gefühle empfindet. Dann hat der übertriebene Optimist sofort Verständnis für einen, denn er weiß ja um die Qualen, die diese negativen Gefühle auslösen können.

Der richtige Umgang
mit dem Missionar

Um den Missionar richtig nehmen zu können, muss man sich zunächst sein Defizit bewusst machen. Der Missionar hat Angst vor dem Kontrollverlust. Er will immer alles im Griff haben, weil er sich sonst hilflos seiner Lebensangst ausgesetzt fühlt. Und wenn er den scheinbar richtigen Weg gefunden hat, wie er die Kontrolle behält und sich seiner Angst am besten widersetzen kann, dann will er – durchaus in gutem Glauben – alle Menschen davon überzeugen. Natürlich auch immer mit dem Hintergedanken, dass etwas umso wahrer wird, je mehr Leute davon überzeugt sind.

Wenn man dem Missionar also widerspricht, fühlt er sich bedroht und fürchtet, die Kontrolle über seine geheimsten Ängste zu verlieren. Denn was ist, wenn sich herausstellt, dass das, woran er glaubt, falsch ist? Sein ganzes Leben würde zerbrechen, und er wäre nur noch ein zitterndes armes Würstchen. Er muss in dem Fall also mit aller Kraft dagegen anreden – zunächst noch mit dem Wunsch der Überzeugung und wenn er sich zu sehr in die Ecke gedrängt fühlt, mit emotionalen Ausbrüchen, die der Diskussionskultur nicht guttun.

Am besten ist es deshalb, gar nicht erst mit dem Missionar zu diskutieren, wenn man anderer Meinung ist. Es wird keinen Konsens geben. Sobald man in einer Diskussion merkt, dass man es mit einem Missionar zu tun hat, dessen Meinung man nicht teilen kann, sollte man für sich selbst einen

Schritt zurücktreten, den Menschen freundlich anlächeln und sagen: «Ich glaube, da kommen wir nicht überein, aber das ist auch okay.» Daraufhin könnte man versuchen, geschickt das Thema zu wechseln, am besten in eine Richtung, die nicht von missionarischem Eifer belastet ist. Denn auch Missionare haben immer nur ihre klassischen Themen, während sie in anderen Bereichen, die nicht so emotional besetzt sind, wie ganz normale Leute wirken.

Wenn man sich also mit einem Missionar über Politik unterhält und merkt, dass er in missionarischen Eifer für seine Partei verfällt, sollte man das Gespräch an diesem Punkt beenden und zu einem anderen Thema wechseln.

Falls man allerdings gerade in einer Fernsehtalkshow sitzt und einen Missionar vor sich hat, der sich als politischer Gegner entpuppt und mit allen Mitteln die Welt bekehren will, dann darf man natürlich auch zu schmutzigen Tricks greifen, um den Missionar vorzuführen. Das sollte man allerdings nur dann tun, wenn man mit ihm nicht später noch mal zusammenarbeiten muss. Unter Arbeitskollegen oder Freunden dürfen die folgenden Tipps nicht angewendet werden, es sei denn, man wollte schon immer mal ein vergiftetes Betriebsklima oder lästige Freunde loswerden.

Wer einen politischen oder religiösen Missionar, den er für gefährlich hält, vorführen will, muss sich zunächst sehr gut vorbereiten. Das ist bei politischen Talkshows leider inzwischen ein großes Manko, denn die meisten, die sich dort hinsetzen, glauben, sie könnten einfach irgendwas erzählen und das würde reichen. Aber es reicht nicht im Umgang mit

Missionaren und ganz besonders nicht im Umgang mit populistischen Missionaren.

Der Missionar will die Kontrolle behalten und sich selbst als unfehlbar darstellen. Was er absolut nicht erträgt, ist das Gefühl, ausgelacht oder nicht ernst genommen zu werden. Wenn man die einschlägigen Argumente des Missionars kennt, sollte man nicht mit Gegenargumenten kommen, sondern lieber mit weiteren Fragen. Man kann so lange fragen, bis man den Missionar erst in die Enge und dann in den Wahnsinn getrieben hat. In einer Talkshow sollte man allerdings kurze, knackige Fragen wählen, die dem Missionar nicht die Chance geben, bis zum Ende der Sendung zu schwafeln. Stellen wir uns mal vor, wir hätten es mit einem Mann zu tun, der der Meinung ist, Frauen sollten keinen Beruf erlernen, sondern sich ausschließlich der Rolle der Mutterschaft hingeben. Die erste Frage, die man ihm stellen sollte, wäre die, warum er sich das wünscht. Vermutlich wird er dann mit der heilen Familie und glücklichen Kindern kommen, die ihre Mutter brauchen und nicht in Kindergärten abgeschoben werden sollen. Man darf nun auf keinen Fall den Fehler machen, mit ihm über den Nutzen von Kindergärten zu diskutieren, denn dann wird man sich stundenlang im Kreis drehen. Der schmutzige Trick besteht darin, ihn jetzt direkt auf seine Historie anzusprechen. «Haben Sie Ihre Mutter als Kind vermisst?», wäre eine gute Frage. Dann wird er nämlich entweder jammern, dass er ein Schlüsselkind war, oder aber stolz verkünden, was für eine tolle Kindheit er hatte, weil seine Mutter sich immer um ihn gekümmert hat, weil sie zu Hause war.

War er ein Schlüsselkind, sollte man sofort nachhaken und fragen, was er sich stattdessen gewünscht hätte. Nun hat man ihn bei seinen persönlichen Ängsten und Defiziten und kann am Ende der Diskussion allen Zuschauern klarmachen, dass ein kleiner vernachlässigter Junge auf diese Art sein Kindheitstrauma aufarbeitet, aber keine Ahnung von der heutigen Gesellschaft hat. Natürlich wird er versuchen, von sich selbst abzulenken oder zu sagen, das stehe hier nicht zur Debatte. In dem Fall sollte man aber darauf beharren, dass persönliche Erfahrungen, die ihn geprägt haben, das A und O dieser Diskussion sind, denn man wolle ja von seinem reichen Erfahrungsschatz profitieren. Wenn man es gut macht, kommt er da nicht mehr raus.

Falls er eine sehr behütete Kindheit mit einer Mutter hatte, die eine Hausfrau war, sollte man ihn ebenfalls nach seinen Kindheitserlebnissen fragen und darauf achten, wo seine Defizite liegen. Fehlte ihm in dieser überbehüteten Liebe die Freiheit, eigene Erfahrungen zu machen? Ist sein Wunsch, dass alle Frauen Hausfrauen werden sollen, eher ein aggressiver Ausdruck gegen die Frau allgemein, weil seine Mutter ihn zu sehr eingeengt hat? Mit den richtigen Fragen wird man ihn schnell als hilfloses Muttersöhnchen demaskieren können, das im Grunde möchte, dass seine eigene Ehefrau die Rolle der versorgenden Mutter übernimmt. Wenn man also einen Missionar wirklich fertigmachen will, anstatt mit ihm freundlich und auf Augenhöhe zu verkehren, muss man seinen inneren Konflikt freilegen, der ihn zum Missionar machte. Gute Journalisten, Politiker oder Psychotherapeuten beherrschen das in Diskussionsrunden perfekt. Die schlechten liefern sich in Talkshows stattdessen ein wildes Gezeter und Durcheinanderreden. Um mit dem Missionar als Gegner fertigzuwerden, bedarf es also einer gewissen Eloquenz, Vorbereitung und Schlagfertigkeit. Wem das fehlt, der sollte lieber die Variante im Umgang mit befreundeten Missionaren wählen – einfach das Thema wechseln, um Streit zu vermeiden. Wenn man sich allerdings so sehr über einen frechen Missionar ärgert, dass einem schon das Messer in der Tasche aufgeht, darf man sich natürlich auch richtig mit ihm streiten. Das wird zwar nichts an seiner Meinung ändern, aber man selbst fühlt sich vielleicht nach einer ordentlichen Pöbelei entlastet und innerlich befreit. Das hängt ganz davon ab, was für ein Charakter man selbst ist.

Der richtige Umgang
mit dem Fanatiker

Der Fanatiker ist dem Missionar von seinem Defizit her sehr ähnlich, allerdings verweigert er sich von vornherein der Überzeugungsarbeit und setzt lieber auf Gewalt – sei sie verbal oder physisch –, um seine Meinung durchzusetzen. Aus diesem Grund muss man ihm stets mit Vorsicht begegnen, da Diskussionen sehr schnell ausarten können und man sich unter Umständen einen gefährlichen Feind fürs Leben schafft.

Wenn man einen Streit vermeiden will, sollte man sich mit dem Fanatiker nicht auf Diskussionen einlassen, sondern auf Floskeln wie «Du hast deine Sichtweise, und ich habe meine» beschränken.

Eine ergebnisoffene Diskussion mit dem Fanatiker ist nahezu unmöglich, solange er seinem Fanatismus anhängt. Sollte man allerdings zufällig Zeuge werden, wie das Weltbild des Fanatikers gerade zerbricht, sodass er selbst anfängt zu zweifeln, sieht es ganz anders aus. In dem Fall könnte man mit ihm tatsächlich ergebnisoffen diskutieren, um einen Sinneswandel einzuleiten. Meist sind das Situationen, in denen der Fanatiker einen schweren Schicksalsschlag erlitten hat. Beispielsweise hat ein religiöser Fanatiker trotz heftigster Gebete einen nahestehenden Menschen an den Tod verloren. Nicht jeder Fanatiker ist in der Lage, das für Gottes Willen zu halten. Manch einer fängt an zu hadern und ist nun für eine Diskussion offen – wäre es vielleicht doch besser gewesen, auf die moderne Medizin zu hören, anstatt sich auf Gebete und dubiose Heiltränke zu beschränken? Leider sind die meisten Fanatiker so stur, dass sie erst mal gehörig auf die Nase fallen müssen, bevor sie in der Lage sind, etwas zu hinterfragen. Der gesunde Menschenverstand ist so tief im hintersten Kämmerlein ihres Verstandes weggesperrt, sobald es um ihr Fanatismus-Thema geht, dass sie ihn erst dann befreien können, wenn es um Leben und Tod geht. Bei religiösen Fanatikern, die fest von einem Leben nach dem Tod überzeugt sind, klappt das nicht mal dann – es sei denn, sie befürchten, in die Hölle statt in den Himmel zu kommen. Dann kriegen sie auch schon mal Angst. Das ist übrigens der Grund, warum Missionare Fanatikern so gern mit der Hölle – im übertragenen wie wörtlichen Sinn – drohen.

Sollte man anderer Meinung sein als der Fanatiker und es für zwingend notwendig halten, seine Meinung jetzt sofort vehement zu vertreten, um dem Fanatiker nicht das Feld zu überlassen, muss man sich vorher gut überlegen, ob man der Gewalt des Fanatikers gewachsen ist.

Ist der Fanatiker ein verbales Großmaul, sollte man ihm im Umgang mit Sprache überlegen sein, um den Hauch einer Chance zu haben. Nichts ist schlimmer, als wenn man dem Fanatiker im verbalen Duell unterliegt und seinen Fanatismus damit weiter befeuert. Gerade bei Rededuellen in der Politik könnte das schnell nach hinten losgehen, wenn der Fanatiker der bessere Rhetoriker ist, denn dann wird er viele Zuhörer mitreißen und selbst neue Anhänger gewinnen – also genau das, was man verhindern wollte. Wenn man ihm nicht gewachsen ist, sollte man ihn stattdessen lieber ignorieren, um ihm möglichst keine Bühne zu geben, auf der er sich profilieren kann.

Sollte es sich um einen gewalttätigen Fanatiker handeln, der auch nicht vor dem Gebrauch von Fäusten oder gar Waffen zurückschreckt, darf man sich nur dann auf eine Diskussion einlassen, wenn man entweder stärker ist, besser bewaffnet oder schneller laufen kann. Alternativ ist es auch ganz praktisch, blitzschnell mit dem Handy die 110 zu wählen, aber man sollte bedenken, dass die Polizei selbst bei Blaulichteinsatz oft zehn Minuten braucht – und falls Ihr Fanatiker wirklich gefährlich ist, könnte es dann schon zu spät sein. Wozu Auseinandersetzungen zwischen Alltagsfanatikern führen können, kann man bei den Zusammenkünften von Fußballhooligans beobachten.

Andererseits lassen sich Fanatiker bekehren, wenn man sie mit ihren eigenen Waffen schlägt. Wenn ein Fanatiker davon überzeugt ist, dass seine Methode zur Erreichung eines Ziels die richtige ist, könnte man ihn zu einem Wettkampf herausfordern – aber nur dann, wenn man sich sicher ist, auch zu gewinnen. Ein geschlagener Fanatiker wird unter Umständen sehr schnell vom Saulus zum Paulus und schließt sich Ihnen an, wenn Sie ihm Ihre vollständige Überlegenheit bewiesen haben. Leider gibt es auch maligne Exemplare unter den Fanatikern, deren Hass durch eine Niederlage nur noch größer wird. Um dem zu entgehen, müssen Sie dem Fanatiker, der bereit ist, sich Ihnen anzuschließen, im Gegenzug das geben, was er sich wünscht – Anerkennung und Respekt. Wenn der Fanatiker sich von Ihnen wertgeschätzt fühlt, haben Sie von nun an einen loyalen Weggefährten an Ihrer Seite, den Sie allenfalls ab und zu mal in der Wahl seiner Mittel etwas bremsen müssen.

Man kann auch versuchen, einen Fanatiker zu manipulieren, indem man direkt an sein Defizit appelliert, dass er sich ungeliebt und ungewollt fühlt. Allerdings darf man ihm nicht direkt ins Gesicht sagen, dass er sich ungeliebt fühlt, denn das ist ihm ja selbst gar nicht bewusst, und er würde es sofort abstreiten. Stattdessen muss man ihm, um sein Vertrauen zu gewinnen, erst einmal in einigen harmlosen Punkten zustimmen, um dann ganz langsam zu versuchen, den Blickwinkel zu verändern. Eine Garantie, dass man damit Erfolg hat, gibt es aber nicht.

Man sollte diese Strategie deshalb nur einsetzen, wenn man sich zufällig gerade als Geisel in den Händen eines fanatischen Gangsters befindet oder es sich bei dem Fanatiker um den eigenen Chef handelt, man auf der schwarzen Liste steht, aber seinen Job dringend braucht. Ansonsten gilt auch hier stets die Vermeidung des Konflikts, um es nicht zur Eskalation kommen zu lassen.

Sollte man selbst ein gewalttätiger Schläger sein und gerade schlechte Laune haben, eignen sich Fanatiker allerdings hervorragend als Punchingball. Natürlich ist diese Handlungsweise weder politisch noch strafrechtlich korrekt und wird deshalb auch nicht empfohlen, sondern nur der Vollständigkeit halber als eine weitere Umgangsstrategie erwähnt.

Gewalt sollte im Umgang mit dem Fanatiker immer nur im Rahmen der Selbstverteidigung angewandt werden, denn durch Gewalt wurde noch nie ein Fanatiker bekehrt, auch wenn es einen vielleicht bei manch einem in den Fingern juckt, sie einmal kräftig gegen die Wand zu klatschen.

Der richtige Umgang
mit dem Moralapostel

Das Defizit des Moralapostels besteht darin, dass er nicht offen zu seinen wirklichen Bedürfnissen stehen kann, sondern sich insgeheim dafür schämt. Deshalb sucht er sich immer einen edlen Vorwand, um genau das zu bekommen, was er eigentlich möchte. Er ist geschickt darin, etwas für andere zu fordern, um durch die Hintertür seine eigenen Wünsche zu erfüllen, die im Fokus seiner Forderung stehen.

Deshalb ist es sehr wichtig, den Moralapostel danach zu fragen, was er wirklich will. Natürlich wird er bei einer direkten Frage sofort ausweichen und eigene Bedürfnisse abstreiten. Das moralapostolische Gehabe ist so sehr Teil seiner Persönlichkeit geworden, dass er gar nicht anders kann.

Kehren wir noch einmal zu unserem Beispiel vom Anfang zurück – die Moralapostel-Eltern, die keine Lust haben, mit ihrem Kind in den Zoo zu gehen, und deshalb die Geschichte von den armen, misshandelten Zootieren vorschieben.

Stellen wir uns nun vor, die Moralapostel treffen bei einer Elternversammlung, wo es um Zoobesuche geht, auf andere Eltern. Natürlich werden die Moralapostel-Eltern als Erstes anfangen, wieder von der Unmenschlichkeit der Zoos zu sprechen. Sie sind auch sehr gut auf Gegenargumente vorbereitet und werden keines davon gelten lassen – also von wegen Arterhaltung oder artgerechter Haltung. Die Moralapostel verstecken sich gern hinter Slogans, um ihre Gegner mundtot zu machen. Deshalb ist es im Umgang mit ihnen nicht zielführend, sich auf die themenbezogene Diskussion einzulassen, weil der Moralapostel dem durch die Slogans so geschickt aus dem Weg geht, dass es nicht sofort offensichtlich wird. Stattdessen sollte man die Metaebene ansprechen: «Ich habe den Eindruck, Sie haben keine Lust, in den Zoo zu gehen.»

Der Moralapostel wird das umgehend bestätigen, aber mit seinem hohen moralischen Anspruch im Tierschutz begründen.

«Wie wäre es, wenn wir stattdessen einen Ausflug in den Wald machen? Dort sehen die Kinder auch die Natur, und die Tiere sind alle in Freiheit. Und Sie haben doch ein großes Auto, in dem Sie die Kinder fahren könnten.»

Nun steckt der Moralapostel in einer Zwickmühle. Er wollte ja eigentlich gar nichts mit den Kindern unternehmen, sondern sich einen schönen Tag machen. Also wird er wieder nach einer moralisierenden Ausrede suchen. «Halten Sie es in Zeiten der globalen Erwärmung wirklich für eine gute Idee, mit dem Auto unnötigerweise herumzufahren?», wäre eine typische Antwort des Moralapostels.

«Stimmt», könnte man darauf entgegnen. «Was halten Sie davon, wenn wir uns stattdessen Fahrräder leihen und eine Radtour in den Wald machen?»

Nun ist der Moralapostel wieder in die Enge getrieben.

«Das ist eine sehr gute Idee, und das würde ich auch sehr gern tun, aber Sie wissen ja selbst, dass der Weg zum Wald über mehrere Schnellstraßen führt. Und dieser Gefahr können wir unsere Kinder nicht aussetzen.»

«Welchen Vorschlag haben Sie denn, was wir am Wochenende gemeinsam unternehmen könnten?», wäre hierauf eine passende Gegenfrage, um dem Moralapostel die Verantwortung zurückzugeben. Schließlich ist es leichter, alles abzulehnen, als selbst konstruktive Vorschläge zu machen. Allerdings wird man von einem hartgesottenen Moralapostel hören: «Ich bin offen für alles, was Sie vorschlagen, sofern es weder der Natur noch unseren Kindern schadet.»

Wie Sie sehen, versucht der hartgesottene Moralapostel, wieder in die Position zu kommen, dass Sie ihm Vorschläge machen, die er dann ablehnen kann. An diesem Punkt der Diskussion ist die Zeit gekommen, von der Suche nach Kompromissen zur Offenlegung des Moralapostel-Defizits zu schreiten.

«Ich gewinne langsam den Eindruck, Sie haben gar kein Interesse an einer gemeinsamen Unternehmung mit den Kindern, weil Sie alles ablehnen und selbst keinen konstruktiven Vorschlag beisteuern.»

«Das ist eine Unterstellung. Ich sagte doch, dass ich zu allem bereit bin, wenn ein paar grundsätzliche, nicht verhandelbare Bedingungen eingehalten werden. Und dazu gehört nun mal, dass wir uns weder an der Klimaerwärmung durch Autofahren beteiligen noch uns an dem Unglück eingesperrter Zootiere erfreuen oder unsere Kinder durch Radfahren in Gefahr bringen.»

Man beachte bei dieser Argumentation die Formulierung «nicht verhandelbare Bedingungen». Das ist eine Formulierung, die Moralapostel sehr gern verwenden, um sich in ein edles Licht zu stellen. Sie bestehen darauf, dass es nicht verhandelbare Bedingungen gibt. Das bedeutet in der Übersetzung: Wer vom Moralapostel verlangt, über «nicht verhandelbare Bedingungen», die er selbst definiert hat, zu verhandeln, ist ein schlechter Mensch, der die Grenzen des Moralapostels nicht respektiert. Der Moralapostel stellt also Regeln auf und will sie Ihnen aufzwingen, weil er entscheidet, was «nicht verhandelbare Bedingungen» sind. Wenn Sie «nicht verhandelbar» in einer Diskussion hören, gilt es immer, die Ohren zu spitzen. Was genau wird hier als «nicht verhandelbar» definiert? Wovor will das Gegenüber sich mit dieser Formulierung schützen? Oftmals wird mit dem Begriff «nicht verhandelbar» suggeriert, es handle sich um hohe moralische Grundsätze, die nur Verbrecher nicht einhalten, selbst wenn es sich lediglich um Regeln handelt, die der Moralapostel völlig willkürlich aufgestellt hat.

«Was unternehmen Sie denn regelmäßig mit Ihren Kindern, das Ihren hohen Ansprüchen genügt?», könnte man nun kontern.

«Unsere Kinder freuen sich, wenn sie draußen in der Natur spielen können.»

«Allein?»

«Ja, denn dann können sie sich unabhängig von der beständigen Aufsicht der Eltern entfalten. Es ist sehr wichtig, dass Kinder lernen, sich allein zu beschäftigen und eigenständige Erfahrungen machen.»

An diesem Punkt der Diskussion muss man wieder aufpassen, denn der Moralapostel plant hier seinen nächsten Angriff – sollten Sie ihn jetzt damit konfrontieren, dass er bloß zu faul ist, mit seinen Kindern etwas gemeinsam zu unternehmen, wird er Sie im Gegenzug als Helikoptereltern bezeichnen, die ihren Kindern nicht vertrauen. Deshalb ist es wichtig, seinen Satz sofort auf den moralischen Anspruch, den er nun anführt, zu analysieren. Das Stichwort lautet «eigenständige Erfahrungen». Also sollte man dieses Thema aufnehmen und seine eigene Argumentation entsprechend führen: «Ich stimme Ihnen zu, dass eigenständige Erfahrungen sehr wichtig sind. Aber gleichzeitig ist es auch sehr wichtig, dass Kinder mit ihren Eltern gemeinsam etwas unternehmen, denn nur dadurch kann die sichere Bindung vertieft werden und das Lernen am Modell. Und genau aus dem Grund möchten wir gern etwas gemeinsam mit den Kindern unternehmen.»

Der Moralapostel fühlt sich nun erneut in die Ecke gedrängt, weil man ihm eine höherwertige Moral entgegenhält – das Kindswohl, von dem ihm durch die Blume gesagt wird, er werde es vernachlässigen, wenn er nicht mitmacht. Also wird er nun einen Nebenschauplatz eröffnen, beispielsweise, indem er sagt: «Und Sie glauben, es tut den Kindern gut, wenn sie sich eingesperrte Tiere ansehen oder sich in Gefahr begeben?»

. Hier sollte man auf keinen Fall in die emotionale Falle tappen und gegen diese Inhalte andiskutieren, weil man sich dann im Kreis dreht. Stattdessen sollte man freundlich sachlich erwidern: «Ich glaube, dass es den Kindern guttut, ab und zu mit den Eltern gemeinsam etwas zu unternehmen. Und da Ihnen unsere Vorschläge nicht gefallen, warten wir immer noch auf Ihren Vorschlag. Auf welche Art und Weise können wir am nächsten Wochenende gemeinsam mit den Kindern etwas Schönes in der freien Natur unternehmen?»

Der Moralapostel merkt, dass er nun nicht mehr rauskommt. Er wird entweder seinen Sonntag opfern oder die Wahrheit bekennen müssen: dass er eigentlich seine Ruhe haben möchte. Wenn jetzt eine Weile quälendes, bleiernes Schweigen herrscht, halten Sie es aus. Machen Sie keinen weiteren Lösungsvorschlag. Der Moralapostel muss jetzt aus der Deckung kommen. Unter Umständen fällt ihm ja tatsächlich etwas ein, mit dem alle Seiten ihr Gesicht wahren können und Spaß haben.

«Wir könnten im Stadtpark gemeinsam grillen.» Der Moralapostel denkt sich, dass er dann die Würstchen auf den Grillrost legt, während die Kinder allein herumtoben können. Wenn Sie damit einverstanden sind, nehmen Sie den Kompromiss an. Falls Sie das Grillen im Stadtpark hassen, schlagen Sie den Moralapostel nun mit seinen eigenen Waffen, indem Sie erwidern: «Finden Sie es wirklich okay, dass Tiere für Ihr Vergnügen geschlachtet werden und Sie durch Ihre Liebe zum Grillen nun auch noch den CO_2-Ausstoß erhöhen?»

Vermutlich wird der Moralapostel dann wütend aufspringen, Sie beschimpfen, dass man mit Leuten wie Ihnen nicht diskutieren kann, und den Raum verlassen, nicht ohne die Tür hörbar zuzuknallen. Sollte er Social-Media-affin sein, könnte es sein, dass er vor der Tür ein Video aufnimmt, in dem er sich weinerlich beklagt und das er im Anschluss auf Instagram teilt, um von seinen Followern den Zuspruch zu bekommen, den Sie ihm verweigerten.

Zusammenfassend lässt sich im Umgang mit dem Moralapostel festhalten, dass man als Erstes herausfinden sollte, was der Moralapostel eigentlich wirklich will. Welches Primärbedürfnis versteckt er hinter seinem hohen moralischen Anspruch? Sobald man das durchschaut hat, weiß man, wie man ihm entweder gesichtswahrend helfen kann, sein Bedürfnis auch ohne Vorwände zu erreichen, oder wie man ihn elegant entlarvt, falls man ihn nicht ausstehen kann. Dabei ist es entscheidend, die eigenen Emotionen unter Kontrolle zu behalten. Sobald man selbst wütend wird oder auf Scheinargumente eingeht, die das eigentliche Bedürfnis des Moralapostels kaschieren sollen, hat man schon verloren. Der Moralapostel wird einen mit seinen auswendig gelernten Sprüchen und Slogans mundtot machen, und am Ende fühlt man sich dann schuldig und schlecht. Deshalb darf man niemals auf diese Slogans eingehen.

Man kann das aber in der Diskussion offensiv ansprechen: «Das ist ein Slogan, keine inhaltliche Aussage.» Dann ist der Moralapostel verwirrt und für einen Moment aus dem Konzept gebracht. Unter Umständen wird er dann mit *Whataboutism* kontern, nur um Sie seinerseits aus dem Konzept zu bringen. (Für alle, die nicht wissen, was Whataboutism ist: Nach der Definition des Oxford Living Dictionary handelt es sich dabei um die Praxis, auf eine Anschuldigung oder eine schwierige Frage mit einer Gegenfrage zu antworten oder ein anderes Thema aufzugreifen.) Auch hier kann man ihm entgegentreten, indem man fragt: «Weshalb ist das Whataboutism?» Da es nämlich nicht vorliegt, sondern man lediglich eine Feststellung getroffen hat, kann der Moralapostel sich nur hinter Ausflüchten oder weiteren Slogans verstecken. Der Vorwurf des Whataboutism gehört in diesem Zusammenhang zu den klassischen Slogans des Moralapostels, um sich selbst der Diskussion durch genau diese Technik zu entziehen. Man nennt das auch Projektion – er wirft Ihnen das vor, was er selbst tut. Man sollte sich davon nicht verunsichern lassen und sich lieber gemütlich zurücklehnen und sagen: «Ich merke schon, Sie haben hier inhaltlich nichts beizutragen, sondern beschränken sich auf auswendig gelernte Floskeln.»

Natürlich wird der Moralapostel Sie dafür hassen. In der virtuellen Welt wird er Sie blockieren und in der Realität aufspringen und wütend den Raum verlassen, aber nun ist er derjenige, der seine Gelassenheit verliert. Sollte er wider Erwarten nicht aus der Diskussion flüchten, wird er sich bei seiner weiteren Argumentation in Fehler verstricken, die man dann mit süffisanter Miene gegen ihn verwenden kann. Das ist natürlich nur dann empfehlenswert, wenn man diesen Moralapostel hasst und ihn fertigmachen will. Bei befreundeten Moralaposteln ist es viel besser, ihnen dabei zu helfen, ihre Primärbedürfnisse offen und ohne jeden Umweg zu erkennen und zu benennen, damit man am Ende einen guten Kompromiss für alle Beteiligten findet.

Der richtige Umgang
mit dem Mitläufer

Da der Mitläufer jemand ist, der sich immer anpasst, ist der Umgang mit ihm im Prinzip recht leicht. Er wird Ihnen, sofern Sie der populären Mainstream-Meinung anhängen, immer zur Seite springen oder Sie zumindest nicht angreifen, weil er nicht auffallen möchte.

Unangenehm ist der Mitläufer für Sie nur dann, wenn Sie Unterstützung im Kampf gegen Ungerechtigkeiten brauchen. Sollten Sie also in einer Firma arbeiten, in der es Mobbing gibt, wird der Mitläufer sich immer auf die Seite derer stellen, die die Macht in diesem Firmenkonstrukt haben. Und wenn es die Mobber sind, wird er beim Mobbing entweder mitmachen oder es zumindest nicht verhindern.

Wenn Sie das Mobbingopfer sind, wird der Mitläufer Ihnen allenfalls unter der Hand sagen, dass er das unfair findet, aber er wird zahlreiche Ausflüchte finden, warum er sich nicht als Zeuge zur Verfügung stellt und Sie unterstützt. Erst dann, wenn Sie eine größere Anzahl von Unterstützern gefunden haben, wird der Mitläufer sich auch offiziell auf Ihre Seite stellen, denn nun ist es für ihn von Vorteil, auf der moralisch richtigen Seite zu stehen.

Auf einen Mitläufer können Sie sich im Zweifelsfall nie verlassen, Sie können ihn nur benutzen. Das klingt zunächst sehr unmenschlich – einen anderen Menschen zu «benutzen». Tatsächlich ist das aber auch die Art, auf die der Mitläufer mit seinen Mitmenschen umgeht. Er benutzt sie, indem er bei ihnen Gesellschaft und Geborgenheit findet, aber die Menschen selbst sind ihm im Grunde egal. Er wird sich von ihnen abwenden, wenn sie ihm genau das nicht mehr bieten. Eine Loyalität, die auch gemeinsame schwere Zeiten überdauert, kann er Ihnen aufgrund seiner Weltsicht nicht geben. Sie müssen sich beim Mitläufer darüber im Klaren sein, dass Sie mit ihm zwar viel Spaß haben können, wenn sie gleiche Freizeitinteressen haben, aber sobald es kompliziert wird, verschwindet er.

Deshalb sollten Sie den Mitläufer im positiven Sinne «benutzen». Wenn Sie beispielsweise eine leidenschaftliche Marathonläuferin sind, können Sie einen ebenso begeisterten Marathon-Mitläufer im wahrsten Sinne des Wortes zu Ihrem Mitläufer machen. Sie können gemeinsam zu Laufveranstaltungen fahren und dort sehr viel Spaß haben. Es ist aber nichts anderes als eine Bekanntschaft, keine echte Freundschaft. Sollten Sie sich irgendwann einen Bänderriss zuziehen und nun längere Zeit nicht mehr Marathon laufen können, wird diese Bekanntschaft einschlafen, es sei denn, Sie reisen weiterhin mit zu Städtemarathons, stellen Ihr Auto zur Verfügung und verteilen Getränke am Straßenrand. Dann sind Sie auch noch zu diesem Zeitpunkt für den Mitläufer interessant.

Das Wichtigste im Umgang mit dem Mitläufer ist die Tatsache, dass man von ihm keine Loyalität in schwierigen Situationen erwarten darf, sofern der Mitläufer dadurch das Ansehen einer größeren Gruppe verliert. Die Anerkennung in der großen Gruppe steht vor der Loyalität zu einzelnen Freunden. Evolutionär betrachtet mag das von Vorteil sein –

was hat man davon, wenn man einem einzigen Ausgestoßenen beispringt und sich dafür mit der eigenen Gemeinde überwirft und selbst zum Ausgestoßenen wird? Andererseits hat der Mitläufer nie erfahren, wie es ist, wenn jemand für ihn aufsteht und ihm Loyalität schenkt, die über den persönlichen Gewinn hinausgeht.

Sollten Sie Ihre Freizeit mit einem Mitläufer verbringen, können Sie zwar keine Loyalität von ihm erwarten, aber Sie selbst dürfen ihm selbstverständlich Loyalität entgegenbringen. Geben Sie ihm das, was Sie von ihm selbst niemals erwarten. Dadurch wird der Mitläufer eine neue Erfahrung machen – nämlich die, dass es schön ist, wenn in einer schwierigen Situation jemand unabhängig von persönlichen Vorteilen zu ihm steht. Und da er dieses Verhalten genießen wird, steht er vielleicht später auch mal für Sie ein – einfach nur, damit Sie ihm erhalten bleiben. Weil er nun durch das Lernen am Modell auch ein wenig über Loyalität und ihre Vorteile gelernt hat.

Die Umgangsstrategie mit dem Mitläufer sollte deshalb lauten: Erwarte keine Loyalität von ihm. Aber wenn du ihn magst, gib ihm Loyalität, damit er lernt, wie schön es sein kann, wenn man auch einmal für den Einzelnen einsteht und nicht immer nur mit der großen Masse mitläuft.

Der richtige Umgang
mit dem Nestbeschmutzer

Das Defizit des Nestbeschmutzers ist ein permanentes unbewusstes Gefühl der Wertlosigkeit. Diese Wertlosigkeit überträgt er auf die Gruppe, der er angehört. Er bezieht sein Selbstwertgefühl nun daraus, dass er seine angestammte Gruppe vor anderen, die er für besser hält, schlechtmacht, damit man ihn selbst als glorreiche Ausnahme betrachtet. Er gehört so zwar noch immer zu einer scheinbar verachteten Gruppe, aber er distanziert sich von denen und wird dadurch automatisch ein wertvollerer Mensch. Er hat zwar ein ähnliches Defizit wie der Fanatiker, aber wählt den genau entgegengesetzten Weg – anstatt für seine Gruppe und deren Ansehen zu kämpfen und stolz zu sein, arbeitet er mit Entwertung. Deshalb knallt es auch häufig zwischen Nestbeschmutzern und Fanatikern, die aus dem gleichen Umfeld stammen.

Der Nestbeschmutzer ist nicht in der Lage, durch eigene Leistung zu überzeugen – zumindest vertraut er sich selbst nicht ausreichend und ist mit seiner eigenen Leistung unzufrieden. Manchmal wundert man sich, warum Menschen, die recht weit oben in der Hierarchie stehen, trotzdem zu den Mitteln des Nestbeschmutzers greifen. Diese Menschen könnte man auf den ersten Blick mit dem Moralapostel verwechseln, aber ihnen geht es nicht um die Erfüllung eigener Primärbedürfnisse, sondern ums Prestige.

Da der Nestbeschmutzer Dinge zu Dramen hochstilisiert, die eigentlich völlig harmlos sind und mit ein paar freundlichen Worten leicht als Missverständnisse aufzuklären wären, wird er oft als hinterhältig erlebt. Ebenso wie der Moralapostel liebt der Nestbeschmutzer Slogans, die er jedoch gegen seine eigenen Leute richtet. Diese Slogans sollen ihm den Ruf eines selbstkritischen Lebenskünstlers einbringen, der zu der Schuld seiner eigenen Gruppe steht. In Wirklichkeit macht er sehr deutlich, dass er selbst die edle, anständige Ausnahme ist. Seine Macht gewinnt er durch einen völlig überhöhten Moralanspruch. Wer so selbstkritisch den Finger in die Wunde seiner eigenen Gesellschaft legt, verdient dafür Respekt und Anerkennung. Und genau darin suhlt sich der Nestbeschmutzer.

Dabei geht es ihm weniger darum, echte Probleme oder Missstände aufzuarbeiten, weil das im wahrsten Sinne des Wortes mit Arbeit verbunden ist. Der Nestbeschmutzer fabuliert lieber über vermeintliche Missstände. Das ist auch seine Taktik in Diskussionen. Wenn man ihn darauf hinweist, dass es sich um Missverständnisse handelt und er dadurch eigentlich von den wahren Missständen ablenkt, lautet sein Lieblingswort *Whataboutism*. Im Gegensatz zum Moralapostel benutzt er es auch sehr geschickt, denn er macht seine unvorbereiteten Diskussionsgegner damit sofort mundtot und zwingt sie, bei seinem Thema zu bleiben, das er dann immer und immer wieder durchkaut und zelebriert.

Am wirkungsvollsten im Umgang mit ihm ist die Verweigerung der Anerkennung für das Schlechtmachen seiner eigenen Gruppe.

Wenn wir uns an das Beispiel zurückerinnern, bei dem der Nestbeschmutzer in seiner Firma die Liebesbeziehung einer Kollegin zu einem Kollegen als Vorwand nahm, um frauenfeindliches Verhalten als Mann anzuprangern, weil die Frau jetzt ja nur noch «Freiwild» im Betrieb sei, ist es wichtig, zunächst die betroffene Frau zu fragen, ob sie sich selbst so sieht. Denn der Nestbeschmutzer will ja für andere reden und behauptet gern, der Sexismus (oder welcher -ismus auch immer) sei so institutionalisiert, dass die Betroffenen selbst es gar nicht mehr merken würden.

Wenn die betroffene Frau nun sagt, sie habe das nicht so erlebt, sondern schätze Komplimente, sollte man dem Nestbeschmutzer nicht mehr die Gelegenheit geben, die Kollegin weiter in die Zange zu nehmen. Der Schutz muss nun ihr gelten, denn ein Nestbeschmutzer, der so tut, als wolle er ihre Rechte schützen, versucht gerade, sie für seine eigenen Zwecke zu missbrauchen.

Eine elegante Antwort – entweder seitens der betroffenen Frau selbst oder aber ihrer Chefin – wäre beispielsweise: «Es ist sehr richtig, dass Sie die Gefahren des Sexismus ansprechen. Aber es ist auch sexistisch, wenn ein Mann sich erdreistet, einer Frau zu sagen, was sie als Beleidigung wahrzunehmen hat.»

Sollte es sich um eine Nestbeschmutzerin handeln, lautet der Satz abgewandelt: «Es ist übergriffig, wenn jemand sich erdreistet, einem anderen Menschen zu sagen, was er in einer bestimmten Situation zu fühlen hat.»

Wenn man merkt, dass es dem Nestbeschmutzer nicht um die Personen geht, die er angeblich durch sein Verhalten schützen will, sondern nur um Selbstdarstellung, muss man ihm das umgehend spiegeln. Dadurch fühlt sich der Nestbeschmutzer beschämt und hat nun das Gegenteil dessen erreicht, was er eigentlich wollte.

Manchmal helfen auch direkte Fragen: «Warum machen Sie Ihre eigene Gruppe (hier auch ruhig genauer einfügen, um welche Gruppe es sich handelt) eigentlich so schlecht?»

Wenn es demjenigen um eine echte Aufarbeitung geht, wird er emotional nachvollziehbar berichten, warum ihm das Thema wichtig ist. Er wird echte Beispiele nennen, die jeden emotional betroffen machen. Wenn es ein klassischer Nestbeschmutzer ist, wird er Beispiele nennen, bei denen man ungläubig den Kopf schüttelt und sich fragt, ob er das ernst meint.

Natürlich gibt es dazwischen viele Nuancen, und es ist nicht immer leicht zu erkennen, wo es um Aufklärung und wo es um Selbsterhöhung geht. Ein guter Kompass ist dabei das eigene emotionale Erleben. Wenn man sofort selbst Betroffenheit spürt, geht es um die Aufarbeitung. Wenn man aber das Gefühl hat, einem scheinheiligen Spinner, der sich wichtigtun will, zuzuhören, ist das ein Nestbeschmutzer.

Bei dieser Faustregel ist allerdings Vorsicht geboten. Es gibt Situationen, in denen man sich selbst so ertappt fühlt, dass man im ersten Moment alles von sich weist und auch einen Nestreiniger gern als Nestbeschmutzer beschimpfen möchte. Wenn man zu sich selbst ehrlich ist, kann man das aber auch an seinen eigenen Gefühlen erkennen. Fühlt man sich ertappt, fühlt man Scham, die eventuell in Wut und Gegenaggression umschlägt. Dann sollte man erst einmal tief durchatmen und sich überlegen, ob etwas an der Sache dran ist, ehe man antwortet.

Der Unterschied zwischen dem Nestreiniger und dem Nestbeschmutzer liegt auch darin, dass der Nestreiniger sein Gegenüber mit ins Boot holen will, um etwas aufzuarbeiten, während der Nestbeschmutzer es entwertet, um sich selbst zu erhöhen. Wer also Feindseligkeit spürt, hat es eher mit einem Nestbeschmutzer zu tun.

In der Tiefenpsychologie wird sehr viel mit den eigenen Gefühlen in Übertragung und Gegenübertragung gearbeitet. Durch die Gefühle, die man selbst wahrnimmt, kann man erkennen, was im Gegenüber vorgeht. Fühlt sich etwas echt an oder geschauspielert? Wobei gute Schauspieler natürlich auch echte Gefühle für die falsche Sache erzeugen können. Aber im Allgemeinen kann man sich recht gut auf sein «Bauchgefühl» im Umgang mit dem Nestbeschmutzer verlassen. Und wenn man sich nicht sicher ist, sollte man sich mit Kollegen oder Freunden austauschen und die Gefühle abgleichen.

Und wenn man dann das Gefühl hat, einen Nestbeschmutzer vor sich zu haben, kann man ihn fragen: «Was erhoffen Sie sich jetzt von uns?»

Meistens lautet die Antwort: «Mehr Sensibilität und Aufarbeitung.»

Mit so einer knappen Floskel darf man sich nicht zufriedengeben. «Und wie genau soll das erfolgen? Was wünschen Sie sich?»

Ein echter Nestreiniger kann das genau benennen. Ein Nestbeschmutzer wird sich hinter weiteren Floskeln verstecken. Deshalb muss man so lange weiterfragen, bis entweder eine echte Antwort jenseits aller Floskeln kommt oder der Nestbeschmutzer wütend die Diskussion verlässt. Meistens passiert bei einem echten Nestbeschmutzer Letzteres.

Der richtige Umgang
mit dem Märtyrer

Das Defizit des Märtyrers ist die fehlende Aufmerksamkeit, und sein Motto, mit dem er diese erzwingen will, lautet: «Lerne klagen, ohne zu leiden.»

Im Grunde ist der Umgang mit dem Märtyrer recht einfach, wenn man ihn einmal als Märtyrer durchschaut hat. Wenn er klagt, sollte man ihm jede Aufmerksamkeit verweigern, damit er lernt, dass er sein Ziel so nicht erreichen kann.

Im Privatleben ist das relativ leicht. Wenn man einen Märtyrer im Haus hat, der behauptet, er arbeite sich mal wieder für alle zu Tode, ohne einen Dank dafür zu bekommen, kann man ihm anbieten, ihn bei der Arbeit zu unterstützen. Der Märtyrer wird das natürlich ablehnen, weil die Arbeit nicht das Problem ist. Er möchte ja für seine Aufopferung gelobt werden. Also kann man paradox intervenieren, von wegen: «Mach doch bitte die Tür zu, damit ich nicht dabei zusehen muss, wie du dich zu Tode arbeitest, wenn ich dir schon nicht helfen darf.»

Falls der Ehemann das zu seiner Märtyrer-Ehefrau sagt, gibt es anschließend einen großen Krach, weshalb sich viele Männer bereits eine gute Strategie im Umgang mit einer Märtyrer-Ehefrau zugelegt haben, die so weitverbreitet ist, dass sie schon als Klischee gilt. Sie verlassen einfach die Wohnung, um mit ihren Freunden in der Kneipe ein Bier zu trinken. Umgekehrt funktioniert das natürlich auch, da Frauen im Zeitalter der Emanzipation selbstverständlich auch

Stammkneipen haben. Und manchmal finden sie hier Ersatz für ihren Märtyrer daheim, indem sie einen gleichgesinnten Mann auf der Flucht vor seiner Märtyrer-Gattin finden.

Wer gelernt hat, die Macken des Märtyrers zu ignorieren und als wesensimmanente Rituale bei bestimmten Tätigkeiten hinzunehmen, kommt meist recht gut mit ihm aus.

Anders ist es, wenn man den Märtyrer noch nicht so gut kennt und glaubt, all das Klagen würde auf einem echten Leiden beruhen. Deshalb ist es wichtig, zunächst abzuklären, ob der Betreffende Hilfe annehmen will und ob sein Klagen dann endet. Falls ja, ist es kein Märtyrer. Falls trotzdem gejammert wird, ist es einer. In dem Fall sollte man sich natürlich auch nicht sofort komplett zurückziehen, sondern weiterhin Hilfe anbieten. Allerdings muss man gezielt fragen: «Soll ich dir bei (hier gewünschte Tätigkeit eintragen) behilflich sein?»

Wenn der Märtyrer wirklich Hilfe braucht, sagt er Ja. Wenn er nur jammern will, wird er antworten: «Ach was, wenn du da erst mal deine Finger zwischensteckst, habe ich ja noch mehr zu tun. Du bist mir auch wirklich keine Hilfe.»

In dem Fall sollte man die Tür zum Arbeitszimmer des Märtyrers schließen, damit man das Gejammer nicht länger hört, oder gleich in die Kneipe oder ins Café gehen.

Bei Kollegen auf der Arbeit kann man die gleichen Strategien wie beim Ehe-Märtyrer verwenden. Gezielt fragen, ob Hilfe gebraucht wird, oder die Bürotür hinter sich schließen, wenn die Hilfe abgelehnt wird. Aber auf keinen Fall sollte man sich die Jammerei weiter anhören.

Problematisch ist es allerdings mit Märtyrern, die mediale Aufmerksamkeit suchen. Da die Medien gern Klicks im Internet generieren, freuen sie sich über prominente Märtyrer, die mal wieder jammern und bereitwillig Interviews geben. Davon leben ganze Sparten der Yellow Press, die sich eben nicht nur auf Paparazzi-Geschichten stürzen, sondern auch auf das Klagen von Schauspielsternchen, abgehalfterten Politgrößen oder mäßig erfolgreichen Sportlern.

Für C-Promis mit Märtyrereigenschaften gibt es sogar schon eigene Fernsehformate wie das *Dschungelcamp*.

Unsere Gesellschaft fördert also eine bestimmte Form des Märtyrertums. Auch die schon im Abschnitt über Märtyrer benannten Hungerstreiks gehören dazu. Wer sich selbst gefährdet, wird mit medialer Aufmerksamkeit belohnt. Dahinter stecken auch der Nervenkitzel und die Sensationslust der Zuschauer. Im Grunde weiß man als Zuschauer, dass nichts passieren kann, aber man schaut trotzdem hin. Und wenn einem der Märtyrer auf den Keks geht, schaltet man einfach das Fernsehgerät aus. Ärger mit solchen Märtyrern haben vor allem Gefängniswärter, wenn die Strafgefangenen mal wieder in den Hungerstreik treten und sie das aufgrund ihrer Fürsorgepflicht nicht ignorieren dürfen, weil die Gefangenen natürlich sofort ihren Anwalt informieren würden, wenn der Gefängniswärter kurz fragen würde: «Hungerstreik? Okay, bis wann soll ich Ihr Essen abbestellen?» Der hungerstreikende Gefängnisinsasse verlangt natürlich, dass man ihm täglich sein Essen vor die Nase hält, damit er es dann mit überheblicher Miene ablehnen kann. Falls man sich diesem

Ritual widersetzt, gilt man als Unmensch. Dass die Ursache beim Hungerstreikenden selbst liegt, würde die Strafvollstreckungskammer in dem Fall nicht interessieren. Allerdings erreicht der Hungerstreikende trotzdem meist nicht mehr, als dass das Essen, das er ablehnt, weggeschmissen wird. Aber er kann sich selbst in seiner Märtyrer-Rolle suhlen und damit davon ablenken, dass er eigentlich wegen schwerer Straftaten in Haft ist.

Man kann das Problem natürlich auch ganz offensiv ansprechen. Also beispielsweise den Märtyrer-Ehemann oder die Märtyrer-Ehefrau fragen, ob sie zu wenig Anerkennung bekommen, weshalb sie sie auf diese Weise einfordern.

Beim Märtyrer, der einem etwas bedeutet, stehen die Chancen recht gut, dass man damit das Ritual durchbrechen kann – wenngleich manchmal nur zeitweise. Aber wenn man offen darüber redet, nämlich über das wirkliche Bedürfnis nach Anerkennung und in gewisser Weise auch einer Form von Kontrolle, weil der Märtyrer seine Mitmenschen auch gern emotional erpresst, ist es möglich, andere Formen des Umgangs zu finden. Dazu bedarf es beim Märtyrer einer gewissen Fähigkeit zur Selbstreflexion. Wenn die gegeben ist, kann eine offene Aussprache viel mehr erreichen als die Fortführung alter Rituale. Falls die Reflexionsfähigkeit fehlt oder beide im Grunde mit diesen Ritualen zufrieden sind, weil sie sich bereits als Selbstzweck etabliert haben, sollte man dabeibleiben. Andernfalls ist eine Märtyrer-Ehe die Eheform, die am meisten von einer Paartherapie, in der die Strukturen offengelegt werden, profitieren kann.

Der richtige Umgang
mit dem Märchenerzähler

Beim Märchenerzähler muss man zunächst wieder unterscheiden, ob man es mit der Märchentante oder dem Aufschneider zu tun hat, denn beide haben unterschiedliche Defizite. Die Märchentante möchte gern im Mittelpunkt stehen, während sich der Aufschneider darüber hinaus weitere materielle oder ideelle Vorteile wünscht.

Wenn man eine harmlose Märchentante in der Bekanntschaft hat, sollte man zunächst ihren Unterhaltungswert betrachten. Wenn sie gern viel erzählt und das einigermaßen interessant ist, kann man ihr gern zuhören, sollte sich aber hüten, alles zu glauben, was sie so vom Stapel lässt. Wenn es einem zu unglaubwürdig wird, sollte man sie nicht aggressiv angreifen, weil sie es ja nicht böse meint, sondern mit einem freundlichen Lächeln darauf hinweisen, dass das ja eine dolle Geschichte ist, die sich Käpt'n Blaubär oder Baron von Münchhausen nicht besser hätten ausdenken können (falls die Märchentante weder Käpt'n Blaubär noch Baron von Münchhausen kennt, lohnt es sich, sie darüber aufzuklären, wer das ist). Meistens lacht die Märchentante dann mit und erwidert etwas in der Art: «Ja, wirklich, ne? Kaum zu glauben, aber so ist es geschehen.» Man sollte das dann mit einem Nicken quittieren und nicht weiterdiskutieren. Es ist eben eine schöne Geschichte, und damit hat es sich.

Anders ist es, wenn die Märchentante Geschichten verbreitet, die an der Grenze zur Verleumdung sind. Sie macht das zwar auch nicht, um primär jemandem zu schaden, aber sie nimmt den Schaden billigend in Kauf, um sich selbst interessanter zu machen. In so einem Fall lohnt es sich, sie ernst anzusehen, zu sagen, dass man so etwas über andere nicht hören möchte, ihr noch einen schönen Tag zu wünschen und zu gehen. Durch diese klare Grenzsetzung und die anschließende Beendigung des Kontakts hat sie nun das Gegenteil dessen erreicht, was sie wollte: statt Aufmerksamkeit Zurückweisung und Einsamkeit. Wenn sie diese Erfahrung häufiger macht, wird sie erkennen, dass sie mit freundlichen Geschichten mehr Aufmerksamkeit erzielt.

Leider sind aber die wenigsten Menschen so konsequent im Umgang mit Märchentanten. Selbst in der Presse hat es sich durchgesetzt, harmlose Nachrichten hinter hanebüchenen Schlagzeilen zu verstecken, um Klicks zu generieren. Warum sollte die Märchentante sich da also anders verhalten? Dennoch liegt es an jedem Einzelnen, durch ein freundliches, konsequentes Verhalten zu zeigen, was man davon hält. Sollte man selbst Opfer der Märchentante geworden sein und das aus zweiter Hand erfahren, kann man sie auch selbst darauf ansprechen. Allerdings sollte man nicht wütend auf sie zugehen, auch wenn man ihr am liebsten den Hals umdrehen würde für den Unsinn, den sie verbreitet hat. Viel besser ist es, sie folgendermaßen anzusprechen: «Ich habe gehört, Sie sind sehr an meinem Privatleben interessiert.»

Die Märchentante wird dann erst einmal irritiert sein, weil sie damit nicht rechnet. Vielleicht sagt sie dann: «Wie kommen Sie denn darauf?»

«Nun, mir wurde zugetragen, dass Sie über mich verbreiten, ich würde ganze Nächte in Kneipen rumhängen und immer betrunken nach Hause kommen.»

Vermutlich wird das erste Wort, das die Märchentante daraufhin sagt, «Ähm» lauten, weil sie sich ertappt fühlt, und darauf wird eine Rechtfertigungsrede oder aber ein Abstreiten folgen.

Man kann sich dann anhören, was sie stammelt, und entgegnen: «Mir ist schon bekannt, dass man Ihren Klatsch nicht einmal durch eine Verleumdungsanzeige ausreichend unterbinden kann, weil dann Aussage gegen Aussage steht. Allerdings werde ich dann weitererzählen, dass ich nur in der Kneipe war, weil ich Ihre Kontaktperson bei den Anonymen Alkoholikern bin und Sie vor dem Absturz bewahren wollte.»

«Aber ich bin doch gar nicht bei den Anonymen Alkoholikern!»

«Doch, wenn Sie mich in der Kneipe gesehen haben, sind Sie bei den Anonymen Alkoholikern und gerade wieder abgestürzt. Sonst hätten Sie mich da ja gar nicht sehen können, weil ich nicht da war.»

Eine Märchentante mit Humor wird jetzt lachen, eine bösartige Märchentante wird mit Schnappatmung und hochrotem Kopf die Flucht ergreifen. In beiden Fällen sind Sie bei einer derartig offensiven Umgangsstrategie fortan sicher, weil jemand, der ebenfalls gut Märchen erzählen kann, nicht das richtige Objekt für diese Geschichten ist. In seltenen Ausnahmefällen könnte es aber sein, dass die Märchentante nun genau diese Geschichte weitererzählt, weil sie die so lustig oder wahlweise böse fand. Auf jeden Fall haben Sie sich aber den Ruf erarbeitet, der Märchentante gewachsen zu sein, und ernten dafür selbst Bewunderung bei den Nachbarn. Es lohnt sich einfach nicht, sich mit der Märchentante zu streiten, denn ein echter Streit beschert ihr nur wieder neue Inspirationen für Geschichten, die sie über Sie in Umlauf bringen kann.

Etwas anders sieht es beim Aufschneider aus. Der Aufschneider kann eine echte Nervensäge sein, wenn er sich ständig in den Mittelpunkt stellt und angeblich alles kann und weiß, obwohl er nicht die geringste Ahnung hat.

Wenn Sie so einen Arbeitskollegen haben, sollten Sie tunlichst darauf achten, sich von ihm niemals für irgendetwas einspannen zu lassen, weil er Sie die Arbeit machen lässt, aber es am Ende so aussehen lässt, als hätte er alles gemanagt. Aufschneider können mit dem Mund alles, während sie in der Realität schnell scheitern. Sollten Sie im Berufsleben von Ihrem Chef dazu verdonnert werden, mit einem Aufschneider Teamarbeit machen zu müssen, sollten Sie den Aufschneider dazu bringen, seinen eigenen Worten Taten folgen zu lassen. Bitten Sie ihn, Ihnen zu zeigen, wie er es sich vorstellt. Er wird natürlich versuchen, Sie dazu zu bringen, Hand anzulegen, während er selbst nur mit dem Mund dabei ist. Umso wichtiger ist es, dass Sie verlangen, dass er es Ihnen vormachen soll. Er versucht am Ende ohnehin, die Lorbeeren einzuheimsen, dann soll er auch erst mal in Vorleistung treten. Der Aufschneider wird das ausgesprochen anstrengend finden und Ihnen künftig aus dem Weg gehen. Allerdings müssen Sie auch wirklich konsequent bleiben. Selbst wenn Sie sehen, dass er vor sich hinstümpert und Sie das viel schneller perfekt erledigen könnten, lassen Sie ihn werkeln. Irgendwann wird er schon fertig werden. Da Aufschneider keine Kollegialität kennen, können Sie sich die Sache ganz gelassen aus neutraler Distanz ansehen. Der Aufschneider lernt daraus, dass er das Maul künftig nicht so weit aufreißen sollte, denn ohne die Hilfe seiner Kollegen ist er ein Nichts. Und genau deshalb sollte er den Kollegen auch die notwendige Wertschätzung entgegenbringen.

Man sollte also stets darum bemüht sein, eine Situation herzustellen, in der der Aufschneider beweisen muss, dass er das, was er behauptet, auch leisten kann. Falls Sie einen Aufschneider unter Ihren Freunden haben, der Ihnen vollmundig verspricht, irgendetwas zu reparieren oder für Sie zu erledigen, versuchen Sie es zunächst mit einer unwichtigen Sache, bei der es nicht schlimm ist, wenn er scheitert. Aber hüten Sie sich davor, ihm zu vertrauen. Gehen Sie im Umgang mit dem Aufschneider davon aus, dass alles gelogen ist und nichts klappen wird. Dann kann er Sie nicht enttäuschen, sondern nur positiv überraschen. Der Aufschneider selbst wird hingegen merken, dass es in Ihrer Gegenwart verdammt anstrengend ist, ständig anzugeben, weil Sie jedes Mal Beweise einfordern. Also hat er durch dieses Verhalten keine Vorteile mehr, auf die er eigentlich scharf ist, sondern nur noch Nachteile. Da er sein Verhalten bewusst steuert, wird er es in Ihrer Gegenwart entsprechend modifizieren und, wenn Sie großes Glück haben, nur noch gelegentlich ein paar Märchen erzählen.

Der richtige Umgang
mit dem Feigling

Der Feigling will keinen Ärger haben, weshalb er lieber flieht oder nichts gesehen haben will, wenn es Probleme gibt. Der einzige persönliche Vorteil, den er daraus zieht, ist die Rettung seiner eigenen Haut. Wo es nicht um Leben und Tod geht, da geht es um persönliche Beziehungen zu Mitmenschen, wenn er fürchtet, deren Liebe oder Anerkennung zu verlieren. Wahlweise fürchtet er auch um sein Hab und Gut oder seine Reputation. Der Feigling fürchtet also ständig, etwas zu verlieren, was ihm wichtig ist, aber er hat Angst, darum zu kämpfen, weil er einen Kampf verlieren könnte. Daher läuft er lieber davon oder passt sich an und wagt nicht aufzumucken, wenn eine höhere Autorität etwas von ihm fordert. Dem Feigling fehlt die Fähigkeit, seine Angst zu unterdrücken und sich der Gefahr dennoch zu stellen, denn das würde Mut erfordern. Das Ziel im Umgang mit dem Feigling sollte deshalb zunächst darin bestehen, sich darüber klar zu werden, wovor er sich gerade am meisten fürchtet. Was löst seinen Flucht- oder Totstellreflex aus?

Im Umgang mit dem Feigling kann man ebenfalls zum Mittel des bereits erwähnten sokratischen Dialogs greifen, indem man ihn einfach fragt, was er befürchtet. So lange, bis man an den inneren Kern der Furcht kommt. Und wenn man diese Furcht freigelegt hat, kann man mit ihm über Bewältigungsstrategien sprechen. Der sokratische Dialog ist besonders im Umgang mit dem Vermeider geeignet.

Wenn der Vermeider sich beispielsweise vor dem Zahnarzt fürchtet, obwohl er Zahnschmerzen hat, kann man ihn fragen, was genau er fürchtet.

«Ich habe da kein gutes Gefühl», könnte seine erste Antwort lauten.

«Aber mit deinen Zahnschmerzen hast du doch erst recht kein gutes Gefühl. Was kann also schlimmstenfalls passieren, als dass es kurz noch mal wehtut und dann besser wird?»

«Aber wenn er sagt, der Zahn muss gezogen werden, was soll ich dann machen?»

«Es gibt Brücken oder Implantate.»

«Ja, aber die kosten viel Geld, das Geld habe ich nicht.»

«Du kannst die Lücke auch erst mal stehen lassen, bis du das Geld hast. Wovor hast du wirklich Angst?»

«Dass der Zahnarzt mich verachtet, weil ich so schlechte Zähne und kein Geld für eine Brücke habe.»

«Und warum ist das schlimmer als die Zahnschmerzen?»

«Weil ich mich dafür schäme.»

Im folgenden Dialog könnte man dem Vermeider nun klarmachen, dass es für den Zahnarzt völlig normal ist, Leute mit schlechten Zähnen zu behandeln, und dass noch gar nicht klar ist, ob der Zahn überhaupt gezogen werden muss. Man kann mit dem Feigling sehr gut inhaltlich diskutieren, denn im Gegensatz zu vielen anderen Persönlichkeitstypen, die wir bereits kennengelernt haben, ist er an Lösungen interessiert und dankbar, wenn ihm jemand im wahrsten Sinne des Wortes Mut macht. Er braucht das Gefühl, dass er nicht allein ist und sich im Zweifelsfall auf einen Freund verlassen kann, der ihm zur Seite steht.

Bei einem hartnäckigen Vermeider muss man allerdings manchmal auch zu drastischen Mitteln greifen. Wenn er beispielsweise bereits eine komplette Kiefervereiterung hat und ein Auge zugeschwollen ist, muss man ihm klar machen, dass ein derartiger Zustand lebensbedrohlich werden kann, wenn er nicht zum Zahnarzt geht. Da der Feigling seine Haut retten will, wird er dann das kleinere Übel akzeptieren.

Es gibt allerdings auch Vermeider, die genau wissen, dass sie eine gefährliche Erkrankung haben, die jedoch keine Schmerzen bereitet. Dabei geht es vor allem um chronische Erkrankungen, die regelmäßig kontrolliert werden sollten, damit man bei einer Verschlimmerung schnell eingreifen kann. Vermeider neigen dazu, den Ernst der Lage zu bagatellisieren. Solange der Vermeider nichts spürt, verleugnet er alles und redet sich lieber ein, alles sei gut, anstatt sich seiner Angst und der Untersuchung offensiv zu stellen. In so einem Fall muss man sehr genau abwägen, was das kleinere Übel ist. Wenn der Vermeider schon sehr alt ist, kann man ihm diese Strategie getrost lassen. Wenn er noch sehr jung ist, kann sich die Mühe lohnen, immer wieder mit ihm zu sprechen. Allerdings muss man sehr behutsam sein, denn wenn Sie die Sache zu offensiv angehen, wird der Vermeider künftig auch den Kontakt zu Ihnen vermeiden. Das Hauptziel im Umgang mit dem Vermeider muss die Angstbewältigung sein. Bange machen darf man ihn nur, wenn es wirklich akut um Leben und Tod geht, ansonsten braucht er Zuspruch und Streicheleinheiten.

Anders ist es beim Berufsopfer. Das Berufsopfer geht sehr schnell in die Offensive und würde beispielsweise bei einer schweren Erkrankung Ärzte meiden, weil es die Furcht vor Ärztefehlern vorschiebt. Damit geht das Berufsopfer wieder auf eine Metaebene. In Wirklichkeit hat es die gleiche Furcht wie der Vermeider, aber es verschiebt diese Furcht auf ein weniger bedrohliches Feld. Angst vor schlimmen Laborbefunden, wie sie der Vermeider kennt, verdrängt das Berufsopfer. Es wird sich eher darauf berufen, dass es Angst davor hat, als gesunder Mensch fälschlich für krank erklärt zu werden. Und dann wird es diverse Beispiele aus der einschlägigen Presse zitieren. Dadurch kann das Berufsopfer sich mit der Illusion in Sicherheit wiegen, dass alles so lange gut bleibt, wie es nicht den Ärzten in die Hände fällt. Da es sich hierbei um die Metaebene der Angst handelt, nützt es nichts, wenn man ihm Statistiken zeigt, dass Ärztepfusch selten ist.

Beim Berufsopfer kann man am ehesten durch persönlichen Kontakt und vertrauensbildende Maßnahmen Erfolge erzielen. Man darf ihm keine Vorwürfe machen, man sollte auch nichts abstreiten, aber man kann ihm positive Beispiele entgegenhalten, um es zu motivieren.

Das gilt auch im Berufsleben oder familiären Alltag, wenn bestimmte Dinge krampfhaft vermieden und Ängste vorgeschoben werden, die eigentlich nichts mit der wahren Ursache zu tun haben. Wenn man merkt, dass man mit normaler Zuwendung und Gesprächen nicht weiterkommt, aber das allgemeine Zusammenleben massiv durch die Verhaltensweisen des Berufsopfers gestört wird, ist es an der Zeit, über psychotherapeutische Hilfe nachzudenken.

Der Feigling ist von allen hier vorgestellten Typen derjenige, der am besten auf wohlwollende Zuwendung und Verständnis anspringt. Vorwürfe sind in der Beziehung Gift, denn vor denen wird er fliehen. Wenn Sie einen Feigling vertreiben wollen, müssen Sie ihm einfach nur wütend vorwerfen, dass er ein Feigling ist. Dann wird er sich vermutlich nie wieder bei Ihnen blicken lassen.

FAZIT –
WARUM WIR ALLE SCHWIERIGE
ANTEILE IN UNS TRAGEN

Am Ende dieses Buches haben Sie einiges über Ihre Mitmenschen und hoffentlich auch sich selbst gelernt. Vielleicht haben Sie auch erkannt, dass es nichts bringt, immer nur mit dem Finger auf andere und ihre Macken zu zeigen, da wir alle hin und wieder zu den hier beschriebenen Strategien greifen. Natürlich nicht in voller Ausprägung und als komplettes Persönlichkeitsmerkmal, aber wer will sich davon freisprechen, schon mal eine höhere Moral vorgeschoben zu haben, um nicht offen Nein zu sagen, wenn er zu etwas keine Lust hatte? Oder wer hat sich noch nie dabei ertappt, lieber weggesehen oder den Mund gehalten zu haben, wenn er irgendwo ein Unrecht sah, weil seine Angst, selbst Opfer zu werden, zu groß war?

Es geht nicht darum, andere für ihr Verhalten an den Pranger zu stellen, sondern letztlich soll dieses Buch dabei helfen, seine Mitmenschen besser kennenzulernen und auf das Defizit zu achten, das sie mit ihrem Verhalten ausfüllen wollen. Wenn wir unseren Blick dafür schärfen, warum ein Mensch bestimmte Verhaltensweisen anwendet, können wir ihm dabei helfen, dieses Defizit auch ohne das unerwünschte Verhalten auszufüllen. Freundlichkeit statt Gegenaggression ist das Stichwort. Wir sollten uns selbst im Umgang mit schwierigen Zeitgenossen erst einmal über unsere eigenen Emotionen klar werden. Warum werde ich wütend, wenn ich einen Moralapostel vor mir habe? Weil ich weiß, dass er mich belügt, oder weil ich ihn darum beneide, dass er mit dieser Strategie bekommt, was ich auch gern hätte?

Je genauer wir unsere eigenen Gefühle analysieren, umso weniger können sie uns beherrschen, und wir bewahren im Umgang mit schwierigen Zeitgenossen die notwendige Gelassenheit, um einen Schritt zurückzutreten und uns zu überlegen, welche Strategie wir wählen wollen. Wollen wir uns auf Kompromisse einlassen, oder ist uns das Gegenüber so zuwider, dass wir den Kontakt zu ihm lieber ganz vermeiden? Beides ist in Ordnung, denn es ist nicht das Ziel dieses Buches, die Menschen dazu zu bringen, sich alle lieb zu haben. Das wäre illusorisch bei all den inkompatiblen Weltanschauungen und Lebensgewohnheiten auf diesem Planeten.

Wichtig ist nur, dass man diese Entscheidung bewusst trifft. Und das geht nur mit einem klaren Kopf. Die besten Umgangsstrategien nützen nichts, wenn man wütend wird und dann nicht mehr nach rechts oder links schauen kann.

Wir können unsere Mitmenschen nicht verändern. Wir können nur unser eigenes Verhalten modifizieren, damit unsere Mitmenschen ihrerseits ihr Verhalten uns gegenüber anpassen müssen, um das zu bekommen, was sie wollen.

Es bringt nichts, jemandem zu sagen: «Tu dies oder jenes (nicht)!» Er wird es dennoch tun, wenn es ihm Vorteile bringt. Aber wenn ihm dieses Verhalten keine Vorteile mehr verschafft, weil wir nicht so reagieren, wie er es sich erhoffte, muss er sich anpassen. Nicht Worte verändern die Welt, sondern Handlungsweisen. Wir ändern unser Verhalten, damit bestimmte Dinge anders werden.

In unserer Zeit glauben viele Menschen, zunächst käme die Sprache, und wenn die sich ändert, käme die Änderung der Handlungsweise von selbst. Das ist eine Illusion. Bleiben wir einfach mal bei dem Begriff «Idiot». Bis ins frühe 20. Jahrhundert war er eine medizinische Bezeichnung für einen intelligenzgeminderten Menschen. Als die Leute anfingen, sich gegenseitig als Idioten zu beschimpfen, änderten die Ärzte den Begriff in «Schwachsinniger». Allerdings fingen die Menschen dann erneut an, sich als schwachsinnig zu beschimpfen. Man führte daraufhin den Begriff «minderbegabt» ein. Auch das wurde wieder zu einem Schimpfwort. Inzwischen sind wir bei «intelligenzgemindert» als Fachwort – das Wort ist so umständlich auszusprechen, dass man wieder bei Idiot als Schimpfwort angekommen ist.

Aber egal wie oft man die Worte geändert hat, es änderte sich nichts daran, dass intelligenzgeminderte Menschen als so minderwertig betrachtet wurden, dass man Durchschnittsmenschen damit beleidigen konnte, wenn man sie mit den Intelligenzgeminderten auf eine Stufe stellte.

Es gibt viele Beispiele wie dieses. Man mag aus bester Absicht heraus Worte und Sprache ändern, aber wirkliche Veränderungen bringen Taten – beispielsweise die Inklusion von Menschen mit Intelligenzminderung, bei der man sich auch auf ihre Stärken besinnt, die sie durchaus auf emotionaler Ebene haben können. Aber es sind Handlungen, die etwas ändern. Taten zur Integration, zum Verständnis und dazu, dass sich das Verhalten anderer ebenfalls ändert. Und deshalb sollte man in jedem Bereich des Lebens schauen, wie man seine Worte gebraucht, damit sie zu veränderten Taten führen, denn Worte allein genügen nicht. Sie müssen den Anstoß geben, aber sie geben uns auch die Möglichkeit, über Defizite ins Gespräch zu kommen und dann gemeinsame Lösungen zu finden. Und wo das nicht möglich ist, bleibt uns immer noch als Handlungsoption der Rückzug, um einen überflüssigen Konflikt zu vermeiden. Das entscheidende Stichwort hier lautet «überflüssig». Nicht jeder Konflikt ist überflüssig, manch einer muss auch ausgefochten werden – allerdings nicht mit Gewalt, sondern mit echten, inhaltlichen Argumenten und nicht auf einer Scheinebene, wie es so viele unangenehme Zeitgenossen gern tun, weil es ihnen eigentlich um etwas ganz anderes geht. Wenn dieses Buch Sie zum Nachdenken darüber angeregt hat, hat es seinen Zweck erfüllt.

Weitere Titel

Die Welt, die ist ein Irrenhaus und hier ist die Zentrale

Ein Arschloch kommt selten allein

Helden auf der Couch

Wer bin ich – und wie nehme ich ab?